POIS SOU UM BOM COZINHEIRO

POIS SOU UM BOM COZINHEIRO

receitas, histórias e sabores da vida de Vinicius de Moraes

DANIELA NARCISO E EDITH GONÇALVES (ORGS.)

Este livro é dedicado a
Luciana de Moraes

Olha que o amor, Luciana
É como a flor, Luciana
Olhos que vivem sorrindo
Riso tão lindo
Canção de paz

Trecho da canção "Luciana",
de Vinicius de Moraes e Antonio Carlos Jobim,
em homenagem a Luciana de Moraes,
a quarta filha do poeta

Bolo de vovó

6 ovos
250 grs. fécula de batata
250 u de assucar

Bate como pão de ló e vae á forma, forrada de manteiga.

Bom bocado

2 ks. de assucar (crystalisado) em ponto de calda
250 grs. de manteiga
250 u de queijo do reino, ralado
250 u de farinha de trigo
20 ovos, sendo 12 com claras

Mistura-se a calda, ainda quente com a manteiga. Deixa-se esfriar e juntam-se os ovos e a farinha de trigo.

Assa-se em forminhas untadas de manteiga.

Ok.   ~ Quindins ~   v

junte-se a um côco ralado agua
de côco que seja doce; um prato de
queijo (reino ou Minas) curado; 2 colheres de manteiga; 8 ovos, sendo 8
gemmas e 4 claras batidas em neve,
12 cólheres cheias de assucar.
— Mistura-se bem e enchem-se as
forminhas (de preferencia de louça) para
ir ao forno em banho Maria.

~ Mãe Benta ~   Ok.

300 grs. de fubá de arroz, 300 grs. de assucar, 300 grs. de manteiga, 1 côco ralado, dividido em 3 partes: 2 para ex-
trahir o leite (sem agua) e a outra para juntar á massa; 6 ovos, sendo 3
sem claras.
— Batem-se bem, primeiramente, os ovos
inteiros com o assucar, junta-se em se-

1

receitas da casa
era uma casa muito engraçada

INFÂNCIA

biscoitos de araruta 38

chapéus de jóquei 40

suspiro às colheradas 42

caldas da vovó 43

colchão de noiva 45

ovos moles 45

a fantástica carne assada da vovó neném 47

vatapá melhor do mundo 48

cozido generoso e colorido de meu pai,
    recendendo a paio e linguiça 52

sopa de cozido do dia seguinte 55

pudim de pão do vovô 57

pudim paulista 58

pudim de laranja 61

manjar mineiro 63

amarelinhas 64

pão de minuto do papai 67

cheiro de bons-bocados assando 69

pão alemão de centeio e grãos 72

cuca de banana 73

compota estrelada de carambola 78

jaca ao creme 78

musse de manga 79

PREFÁCIO
o sabor das lembranças 25

INTRODUÇÃO
pois sou um bom cozinheiro 28

AS SAUDADES DO BRASIL,
QUANDO A GENTE ESTÁ LONGE

tutu com torresmo de ontem 84
torresmos 85
quindins 86
galinha ao molho pardo, de trasanteontem 89
baba de moça com calda dourada 90
lombinho de porco bem tostadinho 95
uma couvinha mineira 95
doce de coco cremoso 96
papos de anjo 97
galinha ensopada com batata e essas coisas 98
maionese de batata 100
empadão de frango 101
carne-seca e aipim com açúcar 102
empadinhas de queijo 103
pastéis de carne 105
bolinhos de aipim com bacalhau 106
bolinhos de arroz 107
doce de banana 108
mãe-benta 109
geleia caseira de morango 109
bolo 1-2-3-4 111
gâteau de ménage 112
bolo dos bem-casados 113
canja da meia-noite 115
feijão-preto com gordura e arroz soltinho 117

VINICIUS NA COZINHA
feijoada à minha moda 135
ovo na concha (pochê) 137
omelete de batata 139
ovos mexidos 140
linguicinha frita 142
pirão d'água 142
macarrão com molhinho de tomates 143
encararemos — um macarrãozinho 144
sopinha de feijão com macarrão de letrinhas 147
picadinho 148
franguinho na cerveja 150

NATAL EM FAMÍLIA
peru de natal 120
pasta de castanha portuguesa 122
molho do peru (gravy) 122
farofa de miúdos (sarrabulhos) 122
salpicão das mil cores 123
pudim de passas 124
rabanadas do nosso jeito 126
bolo americano de chocolate 128
quadradinhos de chocolate 129

2

receitas de rua
eu não ando só, só ando em boa companhia

SÃO SEBASTIÃO DO RIO DE JANEIRO

arroz de pato do antiquarius 158
estrogonofe triste 160
filezinho de frango grelhado e seus cremes 162
creme de milho 163
creme de espinafre 163
massa com funghi, sem creme 164
todos a los camarones (camarões à provençal) 168
tomates recheados 169

A BOEMIA CARIOCA

filé à moda 173
escalopinho ao molho madeira
    com arroz à piemontesa 176
arroz à piemontesa 176

MINAS GERAIS

bolo de carne da lili 181
molho de pimenta perfeitamente ignaro 182

LOS ANGELES

terrine de trutas 186
pato de alucinar 188
manteiga noisette 189
purê de batata com trufas 189
macarrão chop suey 195
bouillabaisse com todo o mar dentro 198

FRANÇA

sanduíche au poulet 205
molho de maionese à l'ancienne 205
sopa de cebola 207
camarões au sauce tartare 208
molho tártaro 209
steak tartare 210
picadinho à la calavados 212
paella 215
gigot d'agneau à moda
    do l'hôtel plaza athénée 216
poulet basquaise 219
canard aux olives 220
delícias au pied de cochon 221
peixe e camarões à moda de antibes 223

BAHIA

moqueca baiana 227
camarão à baiana 229

ITÁLIA

fettuccine al triplo burro 232
corda di chitarra al tartufo bianco 235

ARGENTINA E URUGUAI

sanduíche de pan de miga 238
fondue de neuchâteloise 239
peixe ao vinho branco 240
mejillones a la provenzal 242
lomo a la pimienta con papas a la crema 245
papas a la crema 245
carne recheada com ameixas 247
morcillas y puré de manzanas 248

OUTRAS VIAGENS – PORTUGAL E TUNÍSIA

bacalhau à brás 252
couscous com cordeiro ensopado e sete legumes 255

3

receitas da obra
as coisas que mais gosto

RECEITA DE MULHER

ravióli crocante de banana ao maracujá
e sorbet de tangerina 260

ravióli de banana 260

calda de maracujá 260

manteiga clarificada 260

toffee 260

crocante de castanha de caju 261

sorbet de tangerina 261

O AMOR DOS HOMENS

desejo súbito de alcachofras,
um risoto 266

PARA VIVER UM GRANDE AMOR

galinha com uma rica, e gostosa, farofinha 270

poule au pot 271

caldo de frango 271

farofa de castanha de caju 271

PARA UMA MENINA COM UMA FLOR

brigadeiro: quero dizer, o doce feito
com leite condensado 274

AMIGOS MEUS

aveludada e opulenta rabada 278

boa comida roceira, bem calçada
por pirão de milho 280

peixada sertaneja 280

caldo de peixe 281

pirão de cuscuz 281

DO AMOR AOS BICHOS

ravióli de gema ao molho de creme trufado 283

AUTORRETRATO

uísque com pouca água e muito gelo 287

chefs 288

crédito das fotografias (vinicius, família e amigos) 290

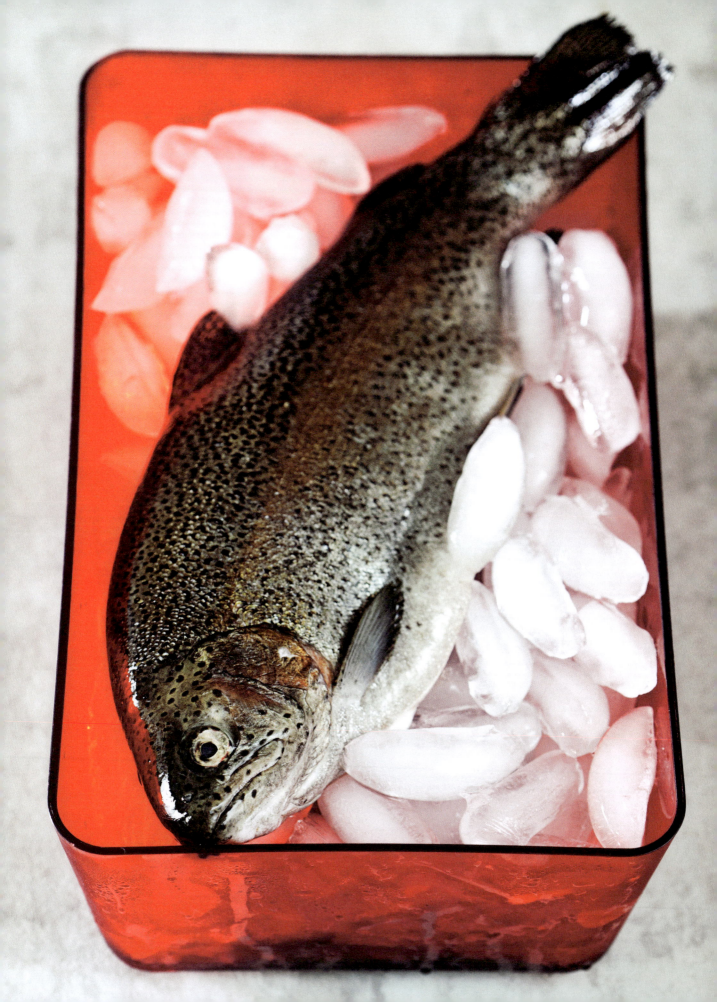

PREFÁCIO
o sabor das lembranças

Às vezes eu me pergunto se as pessoas percebem o quanto suas mais gratas e duradouras lembranças estão ligadas a cheiros e sabores sentidos durante os períodos mais importantes da vida: a meninice e os albores da adolescência. Digo isso por mim, quando, ao morder uma carambola que a empregada da vizinha deu-me agora, vinda de seu quintal, vejo-me ainda menina, de uns oito anos, na chácara de meu avô materno, Antonio Burlamaqui dos Santos Cruz.

A chácara de Vovô era grande e linda. Ocupava toda uma esquina da rua Lopes Quintas com a rua Corcovado, estendendo-se, de um lado a outro, por algumas centenas de metros. O terreno ficava a cavaleiro da rua, bem uns dois metros acima da calçada da Lopes Quintas, o acesso para a chácara fazendo-se por um largo portão e uma escadaria de demasiados degraus para as minhas pequenas pernas. No platô, em cima, ficava a casa grande, de um pavimento só, esparramada o bastante para abrigar os dez filhos de minha avó Cestinha (apelido de seu nome Celestina), e ao redor da casa havia árvores e mais árvores frutíferas. Ali travei conhecimento com o aspecto e o gosto de cambucás, frutas-de-conde, jabuticabas, araçás, ameixas-brancas, cajás-mangas e cajás-mirins, frutas-pães, goiabas, jacas, abius e, delícia das delícias, sapotis. O sapotizeiro era tão alto para nós, crianças, e até mesmo para os adultos, que ficávamos à espera de que as corujas derrubassem as frutas, já no ponto exato de maciez e doçura. Tirávamos cuidadosamente a polpa ao redor das bicadas, e o que sobrava era a coisa mais gostosa do mundo.

Hoje, ao morder a carambola, veio-me à memória a chácara, o Vovô Cruz e minha avó tão linda, os tios geniosos, cheios de vida, o laguinho que havia para os patos, o viveiro de pássaros, grande como uma salinha de apartamento, onde crescia uma árvore e os passarinhos voavam de um lado para o outro, restritos apenas pelas telas de arame, porém livres da faina de procurar insetos, alimentados que eram pelo alpiste distribuído generosamente por meu avô.

Já a lembrança de outros cheiros e sabores, estes mais associados a comidas e doces (principalmente doces), me transporta para a casa da rua Voluntários da Pátria 195, casa de aluguel, onde moravam meus avós paternos, Anthero Pereira da Silva Moraes e minha doce Vovó Neném, nascida Maria da Conceição de Mello Moraes, filha do historiador Alexandre José de Mello Moraes e de sua Anna Barbora de Loio e Seiblitz, professora, poetisa, descendente da nobreza sueca e alemã. Nessa casa, cujas janelas da sala de visitas se debruçavam diretamente sobre a rua, entrava-se por um portão ao rés da calçada e uma escada, já no corpo da casa, encimada por uma porta envidraçada. Ali vivemos, durante alguns anos, eu e meus irmãos, Helius e Vinicius, por circunstâncias diversas (problemas de saúde, melhores escolas), enquanto meus pais e minha irmã Lygia ficaram morando na Ilha do Governador.

Lembro-me bem de que a casa em Botafogo era grande e tinha um quintal largo e comprido, ocupado, no fundo e em toda a sua largura, por um galinheiro sempre cheio de galinhas e um único galo, de topete brilhante e colorido. O galinheiro era para nós, crianças, um lugar mágico, onde observávamos o rebuliço das aves, quando lhes jogávamos punhados de milho. No entanto, o que nos atraía realmente para lá era o cacarejar de uma galinha que acabara de botar um ovo. Corríamos, eu, Vinicius e Helius, a fim de pegar o ovo, apenas posto, para levá-lo a Vovó, a quem pedíamos que nos fosse dado, o que ela nunca negava.

A nossa festa era então ir para a cozinha, onde o quebrávamos com infinito cuidado para que a clara, que era minha e de Helius, não tivesse o menor vestígio da gema, que era de Vinicius. A clara era por mim batida com um garfo, numa tigela, até levá-la ao ponto de neve, quando então recebia, aos poucos e sempre batida, o açúcar necessário para fazer o suspiro — comido, às colheradas, por nós

dois. E como era bom! Enquanto isso, o Vina, numa tigela pequena, ia acrescentando à gema, sem bater e apenas misturando, açúcar e mais açúcar até obter uma massa suficientemente dura para formar bolinhas que ele depositava sobre o mármore da pia, já bem untado, deixando entre elas espaço bastante para os seus "Chapéus de jóquei". O Vina os fazia derramando sobre as bolinhas, com extremo cuidado, a calda em ponto de fio previamente encomendada à cozinheira. A grande bossa era, depois de recoberta cada bolinha de gema com a calda fervente, dar, num pequeno golpe de mão, uma "puxadinha" para com ela fazer a pala do "boné". Isso levava tempo e paciência, mas as balas "Chapéu de jóquei" ficavam lindas, com o amarelo-copa e a pala vidrada do boné. É claro que, depois de darmos cabo do suspiro cru, comíamos as balas, não sobrando apetite para o almoço. E precisava?

Guardo dessa casa, desses avós, do tempo que ali passei com eles, minhas mais gratas recordações, pois além dos avós, dos tios (tão bons!), vivi alguns anos na companhia de meus irmãos. E foi ali, naquela casa generosa, que viemos, nós três, a conhecer e saborear a gostosa carne assada que prestigiava cada refeição, carne essa que nunca vi igualada em lugar algum. E os doces! Sinto ainda o cheiro do bolo "Colchão de noiva" com que minha avó presenteava os médicos amigos, que nada lhe cobravam, e o gosto dos biscoitos que ela preparava para servir com o chá enquanto estudávamos. E os almoços de domingo em torno da grande mesa, onde a empregada depositava ora a travessa com a fantástica carne assada, ora a sopeira com o vatapá melhor do mundo ou o cozido generoso e colorido, recendendo a paio e linguiça! E as sobremesas, Deus do céu!, do pudim de pão, especialidade de Vovô, aos divinos bons-bocados, os quindins dourados e os papos de anjo, inchados de calda perfumada, as compotas de jaca, estupendas, de goiaba e de carambola, que nos encantava com suas estrelinhas a boiar na doçura da calda.

Além de tudo que nos deram em carinho e cuidados, aprendi com Vovó Neném e meu pai (que aprendera com ela) a fazer as rabanadas que, modéstia à parte, considero as melhores que já comi. No entanto, até agora não consegui preparar a carne assada daqueles tempos, talvez porque a carne que se compra hoje é magra, congelada meses, sem graça. Se alguém conseguir fazê-la como a da Vovó Neném, pode me chamar, pois tomo ônibus, táxi, avião, o que for preciso para ir saboreá-la. Mas duvido que alguém consiga!

Laetitia Cruz de Moraes Vasconcellos fevereiro de 2013

INTRODUÇÃO

pois sou um bom cozinheiro

"Pois sou um bom cozinheiro" é um dos versos com que Vinicius de Moraes se define no poema "Autorretrato". Em sua obra, de fato, encontram-se receitas completas, como "Feijoada à minha moda", cujo preparo ele ensina à amiga Helena Sangirardi em *Para viver um grande amor*. No mesmo livro, retoma o tema: "[…] Pois do que o grande amor quer saber mesmo, é de amor, é de amor, de amor a esmo; depois, um tutuzinho com torresmo conta ponto a favor… Conta ponto saber fazer coisinhas: ovos mexidos, camarões, sopinhas, molhos, estrogonofes — comidinhas para depois do amor. E o que há de melhor que ir pra cozinha e preparar com amor uma galinha com uma rica, e gostosa, farofinha, para o seu grande amor? […]".

Boa comida, portanto, assim como a habilidade no preparo de pratos "com amor", fazem parte da receita básica de quem, escreva ou não escreva versos, se propõe a viver poeticamente. Foi essa a receita de Vinicius de Moraes, e é o que este livro se propõe a mostrar, de preferência com a mesma leveza com que, desde os sete anos, o carioca da Gávea fazia seus versinhos e inventava suas primeiras comidinhas na cozinha da chácara dos avós — como os "Chapéus de jóquei", que não eram mais do que gema de ovo e açúcar mas mesmo assim nunca saíram da lembrança da irmã do poeta.

Em cada uma das receitas que chefs consagrados ensinam a preparar neste livro há algo da vida e da obra de Vinicius, um ingrediente de suas várias faces. Aqui estão, além do menino, o diplomata que conheceu a culinária de muitos países mas manteve a preferência pelos pratos típicos de sua terra, o cozinheiro diligente e organizado, o artista que tratava a comida como se deve tratar, o boêmio que cultivava amizades em mesas de bar e restaurantes.

Não faltam detalhes biográficos: Vinicius arrumava o próprio prato com esmero, preferia modos de preparar que deixassem a comida "mais molhadinha", adorava açúcar, assaltava a geladeira à noite e criava nomes poéticos para pratos prediletos. Só as saladas estão ausentes — e não por acaso, como o poeta deixou claro: "Não comerei da alface a verde pétala/ Nem da cenoura as hóstias desbotadas/ Deixarei as pastagens às manadas/ e a quem mais aprouver fazer dieta".

Prepare-se, pois, para uma jornada de poesia e boa comida em que aprenderá a fazer desde receitas simples, como o pão de minuto, até pratos requintados, como os mexilhões à provençal, ou substanciosos, como o cozido generoso que Vinicius aprendeu com o pai, na medida para ser saboreado na companhia de muitos amigos.

1

receitas da casa

era uma casa muito engraçada

O resumo da cultura gastronômica doméstica de Vinicius de Moraes começa pela *Infância*, repleta de aromas de outros tempos, quando o pequeno Vina criava seus "Chapéus de jóquei". Aqui estão as lembranças de uma época em que pães e biscoitinhos eram produzidos em casa, assim como a fantástica e inesquecível carne assada da Vovó Neném e o cozido que Vinicius aprendeu a fazer com o pai.

Em *As saudades do Brasil* figuram as receitas dos períodos que Vinicius passou longe do país. Ele escreve à família e aos amigos para pedir menus completos e conta do que mais sente falta à mesa. Tem saudade do Rio de Janeiro, do sol tropical, "da nesga do mar verde-azul de Copacabana" que via de sua janela e lhe provocava "infinita doçura", e também anseia pela cozinha brasileira tão a seu gosto — como a do "Tutu com torresmo de ontem" ou a da "Galinha ao molho pardo de trasanteontem".

Natal em família é o título autoexplicativo do conjunto de receitas que compõe a mesa farta em que se reuniam os muitos parentes de Vinicius nas festas de fim de ano: peru com pasta de autêntica castanha portuguesa e farofa de miúdos, salpicão, sobremesas, rabanadas…

Fechando esta primeira parte, *Vinicius na cozinha* contém algumas das mais saborosas páginas do livro, com as receitas que ele próprio preparava, de avental e com muito bom humor — uma linguicinha frita e um picadinho, um franguinho na cerveja e um macarrãozinho, e até mesmo a famosa "Feijoada à minha moda". Todas, inevitavelmente, com o espirituoso toque do poeta.

INFÂNCIA

A começar pelos "Biscoitos de araruta" citados em "A casa materna", aqui estão dezesseis receitas das primeiras memórias de Vinicius de Moraes, entre as quais os "Chapéus de jóquei" que inventou ao lado dos irmãos, na cozinha da casa dos avós, e os pratos substanciosos e saborosos preparados em família.

Crônica publicada em *Para viver um grande amor* (São Paulo: Companhia das Letras, 2010)

a casa materna

Há, desde a entrada, um sentimento de tempo na casa materna. As grades do portão têm uma velha ferrugem e o trinco se oculta num lugar que só a mão filial conhece. O jardim pequeno parece mais verde e úmido que os demais, com suas palmas, tinhorões e samambaias que a mão filial, fiel a um gesto de infância, desfolha ao longo da haste.

É sempre quieta a casa materna, mesmo aos domingos, quando as mãos filiais se pousam sobre a mesa farta do almoço, repetindo uma antiga imagem. Há um tradicional silêncio em suas salas e um dorido repouso em suas poltronas. O assoalho encerado, sobre o qual ainda escorrega o fantasma da cachorrinha preta, guarda as mesmas manchas e o mesmo taco solto de outras primaveras. As coisas vivem como em prece, nos mesmos lugares onde as situaram as mãos maternas quando eram moças e lisas. Rostos irmãos se olham dos porta-retratos, a se amarem e compreenderem mudamente. O piano fechado, com uma longa tira de flanela sobre as teclas, repete ainda passadas valsas, de quando as mãos maternas careciam sonhar.

A casa materna é o espelho de outras, em pequenas coisas que o olhar filial admirava ao tempo em que tudo era belo: o licoreiro magro, a bandeja triste, o absurdo bibelô. E tem um corredor à escuta, de cujo teto à noite pende uma luz morta, com negras aberturas para quartos cheios de sombra. Na estante junto à escada há um *Tesouro da juventude* com o dorso puído de tato e de tempo. Foi ali que o olhar filial primeiro viu a forma gráfica de algo que passaria a ser para ele a forma suprema da beleza: o verso.

Na escada há o degrau que estala e anuncia aos ouvidos maternos a presença dos passos filiais. Pois a casa materna se divide em dois mundos: o térreo, onde se processa a vida presente, e o de cima, onde vive a memória. Embaixo há sempre coisas fabulosas na geladeira e no armário da copa: roquefort amassado, ovos frescos, mangas-espadas, untuosas compotas, bolos de chocolate, biscoitos de araruta — pois não há lugar mais propício do que a casa materna para uma boa ceia noturna. E, porque é uma casa velha, há sempre uma barata que aparece e é morta com uma repugnância que vem de longe. Em cima ficam os guardados antigos, os livros que lembram a infância, o pequeno oratório em frente ao qual ninguém, a não ser a figura materna, sabe por que queima às vezes uma vela votiva. E a cama onde a figura paterna repousava de sua agitação diurna. Hoje, vazia.

A imagem paterna persiste no interior da casa materna. Seu violão dorme encostado junto à vitrola. Seu corpo como que se marca ainda na velha poltrona da sala e como que se pode ouvir ainda o brando ronco de sua sesta dominical. Ausente para sempre da casa materna, a figura paterna parece mergulhá-la docemente na eternidade, enquanto as mãos maternas se fazem mais lentas e as mãos filiais mais unidas em torno à grande mesa, onde já agora vibram também vozes infantis.

biscoitos de araruta

receita preparada pela chef Heloisa Bacellar

Originária da América do Sul, a araruta é uma erva cujas raízes dão uma farinha bem fininha, de fécula branca, que confere aos biscoitos uma textura única — eles desmancham na boca. Esta é uma boa opção para dietas com restrição a glúten. Segundo a chef Heloisa Bacellar, os biscoitos de araruta são típicos de "casa de mãe, daqueles irresistíveis, a gente come um, jura que será só aquele, e sem pensar pega um segundo, um terceiro, uma mão cheia".

Como a araruta hoje é um tanto difícil de encontrar, a receita foi preparada com polvilho doce.

40 UNIDADES / 1 HORA

INGREDIENTES

1⅔ xícara (chá) de AÇÚCAR
125 g de MANTEIGA em temperatura ambiente
1 OVO
½ xícara (chá) de LEITE DE COCO
1 xícara (chá) de COCO SECO ralado
4 xícaras (chá) de POLVILHO DOCE
   (aproximadamente)
MANTEIGA suficiente para untar

PREPARO

1 Leve o açúcar, a manteiga, o ovo, o leite de coco e o coco seco ralado à batedeira. Bata até obter um creme bem homogêneo. Aos poucos, vá adicionando o polvilho e continue batendo até conseguir uma massa lisa, que se solte da tigela.
Se tiver tempo e paciência, pegue pequenas porções da massa (bolinhas de no máximo 1 cm de diâmetro), enrole-as entre as mãos até obter um cordão e una as pontas, formando argolinhas. Se o tempo for curto, abra a massa com o auxílio de um rolo em uma superfície lisa polvilhada com um pouco de polvilho doce, deixando-a com cerca de 0,5 cm de espessura.
2 Corte biscoitos pequenos com um molde no formato desejado e acomode-os em duas assadeiras grandes untadas com manteiga (eles podem ficar bem próximos, pois não vão crescer).
3 Leve as assadeiras à geladeira para que descansem por no mínimo 15 minutos.
4 Enquanto isso, preaqueça o forno em temperatura média (180°C).
5 Leve as assadeiras ao forno e asse os biscoitos por cerca de 15 minutos, ou até que estejam firmes no centro e as bordas comecem a dourar.
6 Retire as assadeiras do forno e deixe que os biscoitos esfriem. Guarde-os em um pote com tampa de rosquear por até uma semana.

Esta receita não poderia faltar, é uma invenção genuína do garoto Vina. Depois de apanhar ovos fresquinhos no galinheiro do quintal, ele cede a clara aos irmãos Helius e Laetitia, mistura a gema com açúcar e produz docinhos que serão cobertos por uma calda de caramelo especialmente preparada pela avó ou pela cozinheira da casa. Dono de incrível destreza manual — e de muita criatividade para batizar doces —, Vinicius despeja com cuidado o fio dourado de calda sobre as bolinhas amarelas e, como toque final, dá uma puxadinha na calda, de modo a desenhar a pala do chapéu de jóquei.

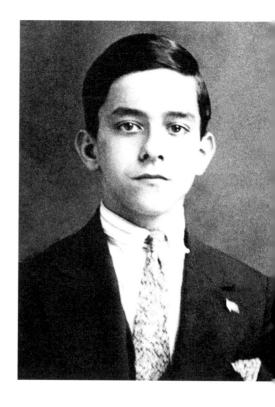

chapéus de jóquei

INGREDIENTES

7 GEMAS
5 colheres (sopa) de AÇÚCAR
½ colher (sopa) de FARINHA DE TRIGO
½ colher (sopa) de MANTEIGA
¼ de colher (sopa) de ESSÊNCIA DE BAUNILHA

20 UNIDADES / 1 HORA

PREPARO

1 Passe as gemas por uma peneira fina. Coloque-as em uma panela e misture o restante dos ingredientes, exceto a baunilha.
2 Leve ao fogo médio, mexendo sem parar — se em determinado momento empelotar, continue mexendo até obter uma massa firme, que se solte da panela. Retire do fogo, acrescente a baunilha e misture até incorporá-la.
3 Coloque a massa em uma travessa levemente untada com manteiga e deixe-a esfriar. Depois de fria, pegue quantidades pequenas com uma colher (café) e enrole-as, formando bolinhas do tamanho das de gude.
4 Com muita destreza e cuidado, cubra as bolinhas com calda de caramelo quente (veja p. 43) e puxe a pala do "chapéu" com o cabo de uma colher de chá. Deixe esfriar.

Enquanto Vina produzia os seus "Chapéus de jóquei", Helius e Laetitia cuidavam do suspiro.

suspiro às colheradas

INGREDIENTES

2 CLARAS
1 pitada de SAL
4 colheres (sopa) de AÇÚCAR

PREPARO

Coloque as claras e o sal em uma tigela. Com um batedor manual (ou na batedeira), bata-as até que comecem a espumar. Então, vá adicionando o açúcar às colheradas, uma a uma, batendo bem a cada adição até que fiquem firmes, formando picos de neve.

caldas da vovó

calda fina (BOA PARA COMPOTAS)
proporção: 1 parte de AÇÚCAR para 2 partes de ÁGUA
Após levantar fervura, deixe ferver por 5 minutos. Caso dissolva o açúcar na água fervente, basta deixar ferver por 3 minutos.

calda média
proporção: 1 parte de AÇÚCAR para ½ parte de ÁGUA
Deixe ferver por até 30 minutos, aproximadamente.

calda grossa (BOA PARA FRUTAS ÁCIDAS)
proporção: 2 partes de AÇÚCAR para 1 parte de ÁGUA
Deixe ferver por aproximadamente 45 minutos, podendo chegar a 1 hora ou um pouco mais.

As caldas são estabelecidas de acordo com sua espessura, e podem ser medidas em proporções de xícaras. Seu rendimento varia de acordo com o tempo de fervura e a redução do líquido por evaporação.
É importante lembrar que devem ferver em fogo baixo, sem mexer, para que não açucarem. Outra dica é passar um pincel molhado na lateral interna da panela de vez em quando, rente à altura da fervura da calda, para evitar que o açúcar residual grude e queime a panela.

O nome desta receita bem que pode ter sido inventado pelo próprio Vinicius, remetendo a outras sobremesas, como engana-marido, bem-casado, baba de moça, manjar do céu e olho de sogra. O "Colchão de noiva" é um bolo bastante macio, dobrado em três camadas, com muito ovo e açúcar.

ovos moles

INGREDIENTES

12 colheres (sopa) de AÇÚCAR
12 GEMAS
1 colher (chá) de MANTEIGA
1 pitada de SAL

PREPARO

1 Prepare uma calda fina com o açúcar (veja p. 43) e deixe amornar.

2 Adicione as gemas passadas em uma peneira fina, a manteiga e o sal, misture bem e leve ao fogo muito baixo, mexendo contínua e lentamente até engrossar.

3 Continue mexendo por alguns minutos após desligar o fogo, para esfriar um pouco.

4 Sirva puro ou utilize como recheio para bolos e doces.

colchão de noiva

INGREDIENTES

8 OVOS (claras e gemas separadas)
8 colheres (sopa) de AÇÚCAR
8 colheres (sopa) rasas de FARINHA DE TRIGO
1 colher (sopa) de FERMENTO EM PÓ
1 fio de ÓLEO VEGETAL
FARINHA feita de biscoitos triturados
   ou de pão torrado
COCO FRESCO ralado para decorar

6 PORÇÕES / 1H30

PREPARO

1 Preaqueça o forno em temperatura baixa (160°C).

2 Bata as claras em ponto de neve suave. Acrescente as gemas uma a uma, batendo sempre a cada adição, alternando-as com o açúcar, a farinha de trigo e o fermento misturados.

3 Unte um tabuleiro com óleo e polvilhe-o com farinha de biscoitos ou de pão.

4 Espalhe a massa no tabuleiro e leve para assar por aproximadamente 30 minutos ou até crescer e dourar. Desligue o forno e abra a porta aos poucos, evitando a entrada brusca de ar frio.

5 Desenforme a massa ainda morna em cima de um guardanapo de pano úmido e enrole os dois juntos, dobrando a massa em três camadas.

6 Deixe-a descansar por alguns minutos, desenrole o bolo e cubra toda a superfície com ovos moles (veja receita acima).

7 Retire o guardanapo e enrole o bolo novamente sobre o recheio, formando as três camadas.

8 Cubra a superfície com o restante do recheio de ovos moles ou como preferir. Para decorar, salpique com coco fresco ralado.

a fantástica carne assada da vovó neném

Vovó Neném (Maria da Conceição de Mello Moraes), a avó paterna de Vinicius de Moraes, não foi apenas cúmplice dos netos nas brincadeiras de fazer doces. Também preparava almoços fabulosos, e uma de suas receitas mais apreciadas era esta carne assada, que de tão macia desmanchava na boca. Aconselha-se utilizar uma peça de carne com uma capa de gordura — antigamente, muitos cortes de carne eram vendidos assim. Os acompanhamentos habituais são arroz, feijão e legumes refogados, como cenoura ou chuchu na manteiga, mas a carne também vai muito bem com massas.

INGREDIENTES

VINHA-D'ALHOS
1 CEBOLA grande
3 dentes de ALHO
4 ramos de CEBOLINHA VERDE
4 ramos de SALSINHA
1 talo de SALSÃO
½ copo americano de VINAGRE DE VINHO TINTO
¼ de copo americano de AZEITE DE OLIVA
1 pitada de PIMENTA-DO-REINO EM PÓ
1 colher (sobremesa) de SAL

CARNE
1 peça de LAGARTO de aproximadamente 1,2 kg (encomende ao açougueiro a peça inteira com uma boa capa de gordura)
1 colher (sopa) de ÓLEO VEGETAL
1 colher (sobremesa) de AÇÚCAR
2 CEBOLAS médias
3 dentes de ALHO
1 colher (sopa) de EXTRATO DE TOMATE
4 TOMATES sem pele e sem sementes
½ PIMENTÃO picado
2 colheres (sopa) de VINAGRE DE VINHO TINTO

6 PORÇÕES / 3 HORAS

PREPARO

1 Bata levemente todos os ingredientes da vinha-d'alhos no liquidificador. Ou, à moda antiga, pique os temperos grosseiramente e adicione-os aos demais ingredientes. Reserve.

2 Lave bem a peça de carne e coloque-a de molho na vinha-d'alhos. Leve-a à geladeira para marinar por no mínimo 24 horas.

3 Aqueça uma panela bem grande, de fundo grosso. Acrescente o óleo, espalhe o açúcar e deixe que doure até formar um caramelo.

4 Retire a carne da vinha-d'alhos e reserve esta última. Coloque a carne na panela e doure-a, virando bem de todos os lados até que fique marrom por inteiro — ela deve ficar bem escurinha, quase queimada.

5 Adicione as cebolas picadas e deixe que dourem bem. Junte o alho, o extrato de tomate e deixe refogar por mais alguns minutos. Coloque aos poucos água fervente, para evitar que queime — esse processo de refogar a carne com os temperos, alternando com 1 concha de água fervente, deve se repetir no mínimo por umas dez vezes, até que a mistura toda esteja marrom o suficiente para dar cor e textura ao molho e praticamente desmanchada.

6 Acrescente os tomates e o pimentão picados, mais o vinagre de vinho tinto, e refogue por mais alguns minutos. Adicione a vinha-d'alhos reservada e junte água fervente suficiente para cobrir a carne. Deixe ferver em fogo baixo por no mínimo 2 horas. Se preferir, cozinhe a carne na panela de pressão por 40 minutos. O ideal é que se cozinhe até que o caldo reduza e fique espesso.

vatapá melhor do mundo

INGREDIENTES

1 PÃO AMANHECIDO, torrado
200 ml de LEITE DE COCO
3 colheres (sopa) rasas de FARINHA DE ARROZ
500 g de ROBALO ou outro peixe branco de carne firme,
    como garoupa, namorado ou badejo
250 g de CAMARÕES frescos limpos
SAL a gosto
suco de ½ LIMÃO
4 colheres (sopa) de AZEITE DE OLIVA
4 TOMATES bem maduros
250 g de CAMARÕES SECOS limpos (sem casca e sem cabeça)
1 xícara (chá) de CASTANHAS DE CAJU torradas e moídas
1 xícara (chá) de AMENDOINS torrados e moídos
1 CEBOLA grande
1 PIMENTA DEDO-DE-MOÇA pequena, sem sementes, picada finamente
1 pedaço pequeno de GENGIBRE fresco ralado
2 a 4 colheres (sopa) de AZEITE DE DENDÊ
6 ramos de COENTRO fresco picado

PREPARO

1 Junte o pão picado grosseiramente à metade do leite de coco em uma tigela e deixe descansar. Desmanche a farinha de arroz na outra metade do leite de coco.
2 Tempere o peixe e os camarões frescos com sal e o suco de limão. Frite-os rapidamente em uma panela com metade do azeite de oliva, retire e reserve.
3 Bata os tomates no liquidificador, com os camarões secos, a mistura de pão com leite de coco, a mistura de leite de coco com farinha de arroz, as castanhas de caju e os amendoins. Reserve.
4 Aqueça o restante do azeite de oliva e refogue a cebola. Adicione a mistura batida no liquidificador e deixe cozinhar em panela destampada até que engrosse ligeiramente.
5 Tempere com a pimenta dedo-de-moça, o gengibre ralado, adicione azeite de dendê aos poucos, para dar cor e sabor, e ajuste o sal. Vá mexendo até obter um creme grosso.
6 Acrescente o peixe e o camarão reservados, junte o coentro, misture bem e sirva acompanhado de arroz branco.

6 PORÇÕES / 3 HORAS

Se a Vovó Neném era conhecida por suas habilidades ao fogão, como se vê na carne assada da receita anterior, o marido dela, Anthero Pereira da Silva Moraes, o Vovô Moraes, não ficava atrás nos dotes culinários. A prova é este vatapá típico da cozinha baiana, com camarão, robalo e pimenta dedo-de-moça.

Trecho de "O dia do meu pai", crônica publicada em *Para viver um grande amor* (São Paulo: Companhia das Letras, 2010)

"Faz hoje nove anos que Clodoaldo Pereira
da Silva Moraes, homem pobre mas
de ilustre estirpe, desincompatibilizou-se
com este mundo. Teve ele, entre outras
prebendas encontradas no seu modesto,
mas lírico caminho, a de ser meu pai.
E como, ao seu tempo, não havia ainda
essa engenhosa promoção (para usar
do anglicismo tão em voga) de imprensa
chamada 'O Dia do Papai' (com a
calorosa bênção, diga-se, dos comerciantes
locais), eu quero, em ocasião, trazer nesta
crônica o humilde presente que nunca
lhe dei quando menino; não só porque,
então, a data não existia, como porque
o pouco numerário que eu conseguia,
quando em calças curtas, era furtado
às suas algibeiras; furtos cuidadosamente
planejados e executados cedo de manhã,
antes que ele se levantasse para
o trabalho, e que não iam nunca além
de uma moeda daquelas grandes de
quatrocentos réis. Eu tirava um prazer
extraordinário dessas incursões ao seu
quarto quente de sono, e operava em seus
bolsos de olho grudado nele, ouvindo-lhe
o doce ronco que era para mim o máximo.
Quem nunca teve um pai que ronca não
sabe o que é ter pai."

cozido generoso e colorido de meu pai, recendendo a paio e linguiça

Os ingredientes originais deste cozido vinham das chácaras do entorno do Rio de Janeiro do começo do século XX. Das hortas, a couve, o repolho, a cenoura, a abóbora e a batata-doce. Das pequenas plantações domésticas, a banana-da-terra e o milho. Recorrendo também a carnes e embutidos de boa qualidade, Clodoaldo Pereira da Silva Moraes, pai de Vinicius, preparava o cozido generoso e, no dia seguinte, transformava as sobras em uma deliciosa sopa. A receita é de fácil preparo e serve até uma dúzia de pessoas.

INGREDIENTES

1,5 kg de CARNE DE BOI (peito, acém e/ou paleta) em pedaços
1 colher (sopa) de ÓLEO VEGETAL
4 CEBOLAS grandes picadas
5 dentes de ALHO picados
1 PIMENTA DEDO-DE-MOÇA
SAL e PIMENTA-DO-REINO a gosto
1 maço de CHEIRO-VERDE picado
1 folha de LOURO
400 g de LINGUIÇA CALABRESA FINA APIMENTADA
400 g de LINGUIÇA DEFUMADA SECA (tipo Blumenau)
300 g de PAIO
300 g de LÍNGUA DEFUMADA
5 BATATAS grandes
2 MANDIOCAS grandes (aipim)
3 ESPIGAS DE MILHO cortadas em 4 partes
2 BATATAS-DOCES grandes
3 CENOURAS grandes
600 g de ABÓBORA (de pescoço ou moranga)
1 REPOLHO médio cortado em 4 partes
1 maço de COUVE MINEIRA
12 BANANAS maduras (prata ou nanica)

DICA

Para o cozido ficar com o mínimo de gordura, faça o seguinte: após o cozimento da carne, desligue o fogo, deixe esfriar e coe o molho numa peneira forrada com papel-toalha ou com filtro de papel para café. Você também pode preparar as carnes na noite anterior, levá-las à geladeira e, no dia seguinte, retirar a camada de gordura que se formar na superfície.

PREPARO

1 Limpe bem a carne e tire um pouco do excesso de gordura. Aqueça uma panela grande e doure a carne no óleo para pegar cor. Retire a carne da panela e reserve.

2 Nessa mesma panela, refogue a cebola com o alho, depois junte a carne reservada e tempere com a pimenta dedo-de moça, o sal, a pimenta-do-reino, o cheiro-verde picado e a folha de louro.

3 Adicione água quente (3 litros), tampe a panela e deixe ferver em fogo baixo por 1 hora, até ficar macia.

4 Enquanto isso, descasque os legumes e corte-os em cubos grandes (tente deixá-los com tamanho uniforme), exceto o repolho, que deve ser cortado em quatro pedaços seguindo o veio central para não desmanchar durante o cozimento; e a couve, que deve ser dividida em quatro maços; depois, enrole e amarre repolho e couve com o auxílio de um barbante de cozinha (ou fio dental).

5 À parte, em outra panela, leve as linguiças, o paio e a língua defumada para ferver por 5 minutos e descarte a água.

6 Junte essas carnes ao cozido e adicione os demais legumes, colocando-os por ordem de tempo de cozimento (primeiro a batata, a mandioca, o milho e a batata-doce, depois a cenoura e a abóbora, e por último o repolho e a couve).

7 Retire algumas conchas do caldo do cozido e, numa panela pequena, complete com o dobro de água fervente para cobrir as bananas, cozinhando-as em separado por uns 5 minutos.

8 Para servir, distribua as carnes num prato, os legumes em outro, a banana e o caldo em separado. Esse processo pode levar algum tempo, portanto é aconselhável manter os pratos com as carnes e/ou legumes no forno preaquecido em temperatura mínima para que não esfriem enquanto se preparam os demais para servir. Ao levar à mesa, refresque as carnes e os legumes com uma concha do caldo.

9 Para acompanhar, sirva arroz branco e/ou um pirão do próprio caldo com farinha de mandioca.

12 PORÇÕES / 3 HORAS

sopa de cozido do dia seguinte

PREPARO

1 Quando tirar da geladeira o que restou do cozido do dia anterior, separe, com o auxílio de uma colher, a camada de gordura que cobre os ingredientes e dispense-a.
2 Escolha os pedaços de carnes e linguiça mais inteiros, retire-os do caldo, limpe-os do excesso de gordura ou pele (se ainda restar alguma) e corte-os em pedacinhos.
3 Ainda frios, bata bem todos os legumes e o caldo no liquidificador, talvez em duas ou três levas, para não transbordar.
4 Leve à panela e deixe ferver bastante em fogo baixo, se necessário acrescentando um pouco mais de água. Se preferir, passe a sopa por uma peneira.
5 Adicione os pedaços de carne e linguiça, e deixe aquecer. Sirva esta sopa pura ou com torradas.

Primeira das três receitas
de pudim que vêm a seguir,
esta do vovô é feita
com pão amanhecido
e um toque de rum.
O pudim paulista leva
amêndoas picadas
e essência de amêndoa,
e o terceiro, o de laranja,
tem a fruta como
principal ingrediente,
em suco e em raspas.

pudim de pão do vovô

INGREDIENTES

PUDIM
8 xícaras (chá) de pedaços de PÃO VELHO
1 xícara (chá) de AÇÚCAR
2 xícaras (chá) de LEITE
CANELA EM PÓ a gosto
6 OVOS
½ dose de RUM
1 xícara (chá) de UVAS-PASSAS
1 ½ xícara (chá) de AÇÚCAR para o caramelo

MOLHO
1 xícara (chá) de AÇÚCAR
1 garrafa de VINHO TINTO
2 ramas de CANELA EM PAU
1 colher (sopa) de AMIDO DE MILHO

PREPARO

1 Preaqueça o forno em temperatura média (180°C).
2 Numa tigela, misture o pão com o açúcar, o leite e canela. Deixe amolecer por alguns minutos. Leve essa mistura ao liquidificador, acrescentando os ovos e o rum. Depois de bem batido, retire do liquidificador e misture as uvas-passas.
3 Em uma fôrma de pudim, caramelize o açúcar até ficar dourado, girando a fôrma para distribuir o caramelo por toda a superfície interna.
4 Transfira a mistura do pudim para a fôrma e leve ao forno para assar em banho-maria por aproximadamente 2 horas — o pudim deve primeiro crescer, depois abaixar, e então dourar por cima. Para testar se está pronto, espete com um palito.
5 Enquanto o pudim estiver assando, prepare o molho misturando o açúcar, o vinho e a canela. Deixe ferver até evaporar o álcool (dá para sentir quando o aroma estiver apenas com cheiro de uva e não mais de vinho). Dilua o amido de milho em ½ xícara (chá) de água fria e junte ao molho de vinho, mexendo bem até engrossar.

12 PORÇÕES / 2 HORAS

INGREDIENTES

AÇÚCAR REFINADO suficiente para caramelizar
5 colheres (sopa) de FARINHA DE TRIGO
250 ml de LEITE INTEGRAL
5 gemas de OVO
4 colheres (sopa) de AÇÚCAR REFINADO
2 colheres (sopa) de MANTEIGA
1 xícara (chá) de AMÊNDOAS sem pele picadas
1 colher (café) de ESSÊNCIA DE AMÊNDOAS

pudim paulista

PREPARO

1 Preaqueça o forno em temperatura média/baixa (160°C).

2 Coloque o açúcar em uma fôrma pequena para pudim, com furo central. Leve diretamente à chama do fogão até obter um caramelo. Com o auxílio de uma colher, espalhe o açúcar por toda a superfície interna da fôrma. Reserve.

3 Em uma tigela, dissolva a farinha no leite, misturando bem com a mão para que não se formem grumos. Transfira para uma panela e adicione as gemas e o açúcar. Leve ao fogo bem baixo e, quando aquecer levemente, acrescente a manteiga, mexendo sempre para que cozinhe rapidamente.

4 Desligue o fogo, adicione as amêndoas e a essência e despeje na fôrma caramelizada. Leve ao forno, em banho-maria, a 160°C, por aproximadamente 40 minutos.

5 Desenforme ainda quente, leve para gelar e sirva.

12 PORÇÕES / 1 HORA

pudim de laranja

INGREDIENTES

6 colheres (sopa) de AÇÚCAR para a calda
1 xícara (chá) de OVOS
1 xícara (chá) de SUCO DE LARANJA
1 xícara de AÇÚCAR
1 colher (chá) de RASPAS DA CASCA DE LARANJA
mais RASPAS DA CASCA DE LARANJA, para decorar

PREPARO

1 Em uma fôrma com furo central própria para pudim, derreta o açúcar em fogo baixo até formar um caramelo, espalhando-o pela lateral interna. Deixe esfriar e reserve.
2 Bata no liquidificador os demais ingredientes e as raspas de laranja, e despeje na fôrma caramelizada.
3 Cubra a fôrma com papel-alumínio, apertando bem para lacrar. Ponha a fôrma com o pudim dentro de uma panela grande e coloque água suficiente para o banho-maria. Tampe a panela e leve-a ao fogo baixo por 40 minutos. Desenforme o pudim ainda quente e decore com raspas de laranja.

6 PORÇÕES / 1 HORA

manjar mineiro

Esta receita da família Moraes nada tem a ver com a mais habitual de manjar branco com ameixas. Com bananas e flambado no conhaque, o manjar mineiro tem preparo e aroma bem incomuns. As bananas-de--são-tomé, também chamadas de bananas-do-paraíso, são pequenas, de casca roxo-avermelhada e polpa mais amarela. Caso não as encontre, pode substituí-las por uma nanica madura.

INGREDIENTES

1 xícara (chá) de AÇÚCAR
1 colher (chá) de CANELA EM PÓ
1 xícara (chá) de QUEIJO DE MINAS MEIA CURA ralado
4 BANANAS-DE-SÃO-TOMÉ (ou 1 banana-nanica madura, cortada ao meio no sentido do comprimento)
1 xícara (chá) de CONHAQUE
4 GEMAS
2 colheres (sopa) de AÇÚCAR

PREPARO

1 Numa frigideira funda misture o açúcar, a canela e o queijo. Por cima, acomode as bananas. Leve ao fogo baixo e deixe até que o açúcar derreta, então retire do fogo e despeje o conhaque. Leve de volta ao fogo e, com cuidado, incline a frigideira levemente para a chama alcançar as bananas e flambá-las. Abaixe o fogo para manter a chama acesa e flambar o máximo de tempo possível.
2 À parte, bata as gemas com o açúcar até que fiquem esbranquiçadas, como uma gemada. Despeje sobre as bananas flambadas, mantendo em fogo baixo até que as gemas cozinhem.
3 Sirva quente na própria frigideira ou em uma travessa.

4 PORÇÕES / 15 MINUTOS

amarelinhas

A família de Vinicius, como as doceiras portuguesas, adorava tudo o que continha ovo e açúcar. Feitas com as gemas, as amarelinhas estão entre um bolinho e um biscoito doce, e são excelentes para acompanhar o café e uma boa conversa. Numa época em que as bolachas não eram compradas no supermercado, a ciência dos biscoitos caseiros rendia reconhecimento à doceira — muitas vezes, o nome da cozinheira detentora de uma boa receita se transformava no "sobrenome" da bolacha, como nas "Bolachinhas da Dona Neném".

INGREDIENTES

200 g de MANTEIGA
250 g de AÇÚCAR
12 gemas de OVOS
1 xícara (chá) de FARINHA DE TRIGO
1 COCO FRESCO ralado

PREPARO

1 Preaqueça o forno em temperatura média/baixa (160°C).

2 Bata a manteiga com o açúcar na batedeira até que fique branca e fofa. Reserve.

3 Bata as gemas na batedeira até ficarem esbranquiçadas (aproximadamente 10 minutos). Acrescente a farinha de trigo, misture até incorporá-la, adicione o coco e misture bem.

4 Unte uma folha de papel-manteiga com manteiga ou óleo vegetal e coloque-a em uma assadeira retangular.

5 Disponha a massa sobre a folha de papel às colheradas, formando pequenos discos bem espaçados uns dos outros.

6 Leve ao forno e asse até que a borda dos discos comece a dourar.

7 Retire a assadeira do forno e tire os discos do papel quando ainda estiverem mornos.

30 UNIDADES / 40 MINUTOS

Esta massa não deve ser sovada, como se faz com os pães, mas apenas bem misturada, até que fique com a consistência no ponto para ser pingada com colher na assadeira. É uma receita perfeita de última hora, por ser simples e fácil de preparar.

INGREDIENTES

6 colheres (sopa) de FARINHA DE TRIGO
3 colheres (sopa) de AÇÚCAR
1 colher (sopa) rasa de FERMENTO EM PÓ
2 OVOS
2 colheres (sopa) de MANTEIGA
1 xícara (chá) de LEITE

PREPARO

1 Preaqueça o forno em temperatura média (180°C).
2 Em uma superfície lisa e seca, misture a farinha com o açúcar e o fermento, formando uma cavidade no centro, onde se colocam os ovos e a manteiga. Com a ponta dos dedos, vá trazendo a mistura de farinha para o centro aos poucos, pingando o leite, misturando delicadamente até incorporar todos os ingredientes e a massa ficar bem ligada.
3 Em um tabuleiro untado com manteiga, com o auxílio de uma colher, vá pingando bolinhas de massa bem espaçadas umas das outras — se preferir, utilize fôrmas de empadinha.
4 Leve ao forno e asse por aproximadamente 20 minutos.

pão de minuto do papai

12 PÃEZINHOS / 30 MINUTOS

Além de fazer sucesso com seu vatapá, Vovô Anthero tinha boa mão para doces. O ritual de preparação de seus bons-bocados e a complicada divisão dos doces entre adultos e crianças deixavam os netos cheios de expectativa. Laetitia de Moraes descreve o que acontecia:

"[...] Depois, vinha a cerimônia da divisão dos doces, que era a bíblica, às avessas. Os bons-bocados reduziam-se incrivelmente para nós, pois a proporção era a seguinte: metade ia para vovô, o mais guloso de todos, mas cujo direito, como avô e autor dos bons-bocados, ninguém contestava. A distribuição da outra metade ficava a critério de minha tia Aspásia, que dava metade ao Vina, seu favorito, dividindo o restante pelos outros membros da família. Nosso quinhão, meu e do Helius, ia de um a três bons-bocados. Assim devorados, ficávamos, os dois, 'aguando' os que Vinicius comia, um a um, na nossa frente, com aquele requinte horrendo de lamber os dedos, depois de cada dentada. [...] Mais tarde, quando aprendemos a pedir, a gula sobrepujando o orgulho, deu-nos do que era seu com a mesma simplicidade com que abocanhava tudo a princípio."

Trecho de "Vinicius, meu irmão", texto de Laetitia Cruz de Moraes publicado em *Vinicius de Moraes — Poesia completa e prosa*, org. Alexei Bueno (Rio de Janeiro: Nova Aguilar, 1998)

cheiro de bons-bocados assando

receita preparada pelo chef Carlos Ribeiro

INGREDIENTES

1 lata de LEITE CONDENSADO
4 OVOS (passe as gemas na peneira, para o
    bom-bocado não ficar com cheiro forte
    de ovo)
4 colheres (sopa) de MANTEIGA derretida
3 colheres (sopa) de FARINHA DE TRIGO peneirada
1 COCO FRESCO ralado
1 colher (chá) de FERMENTO EM PÓ
CANELA EM PÓ a gosto para polvilhar

PREPARO

1 Preaqueça o forno em temperatura média (180°C).
2 No liquidificador, coloque o leite condensado, os ovos, a manteiga, a farinha, o coco fresco ralado e o fermento. Bata até obter uma mistura bem homogênea.
3 Despeje em forminhas de papel, que deverão estar dentro de forminhas de empada (ou em uma fôrma de pudim untada com manteiga), e polvilhe com canela.
4 Leve para assar, em banho-maria, por aproximadamente 40 minutos.

10 UNIDADES / 1 HORA

Poema publicado em *Roteiro lírico e sentimental da cidade do Rio de Janeiro* (São Paulo: Companhia das Letras, 1992)

lembrete

A nunca esquecer: as manhãs
Da infância, os pães alemães
     A sala escura

Na casa da rua Voluntários
Da Pátria, lar de funcionários
     Da prefeitura.

A nunca esquecer: minha avó
Prosternada (Deus e ela) só
     Pele e ossos

A tatalar silêncio e paz
Nas consoantes labiais
     Dos padre-nossos.

A nunca esquecer: a carne negra
O cheiro agreste, a pele íntegra
     Nua na cama

Nas justaposições mais pródigas
Que menino não ama as nádegas
     De sua ama?

A nunca esquecer: as gavetas
Velhas, à luz; as rendas pretas
     As caixinhas

E as sublimes fotografadas
Mortas, mas ainda enamoradas
     Ó tias minhas!

A nunca esquecer: certa mulher
Cuja face não posso mais ver
     Em certo quarto

A mergulhar minha cabeça
Por entre a escuridão espessa
     Do ventre farto.

A nunca esquecer: o caso Sacco
E Vanzetti nem Michel Zevaco
     (Que o avô me deu!)

Que este seria o quixotismo
A arrebatar-me de *ismo* em *ismo*
     A um: como o meu.

pão alemão de centeio e grãos

INGREDIENTES

500 ml de LEITE morno (se estiver
quente demais, mata o fermento)
1 colher (sopa) de FERMENTO BIOLÓGICO SECO
(1 envelope de 10 g)
200 g de AÇÚCAR MASCAVO
125 g de FARINHA DE TRIGO INTEGRAL
1 colher (chá) de SAL
250 g de FARINHA DE CENTEIO média
150 g de GRÃOS (sementes de kümmel
ou de girassol sem casca, ou linhaça,
ou grãos de aveia)
1 fio de ÓLEO VEGETAL

PREPARO

1 Preaqueça o forno em temperatura baixa (120°C).
2 Em uma jarra de vidro, misture o leite morno com o fermento biológico e o açúcar e deixe descansar por cerca de 5 minutos ou até esfriar.
3 Coloque o leite com fermento em uma tigela grande e acrescente a farinha de trigo integral e o sal. Misture muito bem e deixe descansar por cerca de 30 minutos ou até crescer e quase dobrar de volume.
4 Transfira para uma superfície de trabalho polvilhada com farinha e adicione a farinha de centeio e os grãos, misturando bem. Trabalhe a massa com as mãos, sovando-a até obter uma consistência homogênea.
5 Molde dois pães e coloque-os em fôrmas untadas com óleo vegetal. Deixe a massa descansar por no mínimo 20 minutos, coberta com pano úmido.
6 Cubra os pães com papel-alumínio e leve-os para assar por aproximadamente 1 hora, sem abrir.
7 Desligue o forno e deixe a porta entreaberta; só retire as fôrmas dali quando os pães estiverem mornos. Desenforme e deixe que esfriem em uma grade de bolo.

O pão preto alemão, *Schwarzbrot*, geralmente é feito com centeio integral. Suas fatias, mesmo quando finas, têm aparência maciça e nutritiva. Algumas das receitas são enriquecidas com sementes de linhaça ou girassol e com outros tipos de grão, como aveia, e mesmo com amêndoas e frutas secas. Esta é uma versão clássica. Fica ótima com uma boa manteiga, frios ou geleia.

2 PÃES / 2 HORAS

cuca de banana

Dizem que o nome cuca vem da pronúncia abrasileirada de *Kuchen*, que significa "bolo" em alemão. Seja como for, a cuca é praticamente um *Streuselkuchen*, um bolo cuja cobertura deve ter aparência granulada, como uma farofinha. Nada melhor do que o recheio de banana para tropicalizar esta receita tão apreciada no Brasil, principalmente nos estados do Sul, onde permanece a influência alemã.

INGREDIENTES

MASSA

1 xícara (chá) de LEITE
1 tablete (15 g) de FERMENTO BIOLÓGICO para pão
5 colheres (sopa) de AÇÚCAR
4 ½ xícaras (chá) de FARINHA DE TRIGO
1 colher (chá) de SAL
4 colheres (sopa) de MANTEIGA SEM SAL
1 OVO
MANTEIGA para untar

COBERTURA

1 ½ xícara (chá) de FARINHA DE TRIGO
¾ de xícara (chá) de AÇÚCAR
1 colher (chá) de CANELA EM PÓ
1 xícara (chá) de MANTEIGA DERRETIDA
2 xícaras (chá) de BANANAS maduras picadas

PREPARO

MASSA

1 Coloque o leite numa panela e leve ao fogo alto até o ponto de fervura. Tire do fogo e deixe amornar. Ponha o leite em uma tigela, adicione o fermento e mexa, para dissolver. Acrescente 1 colher (sopa) de açúcar e misture bem.
2 Junte um pouco da farinha de trigo, somente o suficiente para obter uma massa fluida, com a consistência de uma massa grossa de panqueca. Cubra a tigela e deixe a mistura crescer por aproximadamente 1 hora ou até dobrar de volume.
3 Decorrido esse tempo, adicione o restante da farinha de trigo e do açúcar, o sal, a manteiga e o ovo. Trabalhe a massa com as mãos, sovando-a bastante até que fique lisa, acetinada e se desprenda facilmente da tigela e das mãos.
4 Unte uma tigela com manteiga, coloque a massa, cubra-a com um pano de prato e deixe-a descansar em lugar morno até dobrar de volume.
5 Unte um tabuleiro de 26 x 40 cm, estique a massa e deixe-a crescer novamente.
6 Preaqueça o forno em temperatura média (180°C).

COBERTURA

1 Em uma tigela, misture bem a farinha de trigo, o açúcar e a canela. Acrescente a manteiga derretida aos poucos, bem devagar, enquanto mistura os ingredientes com a ponta dos dedos, até obter uma farofa granulada.
2 Distribua as bananas sobre a massa e, por cima, espalhe a farofa, formando uma camada uniforme, que cubra as bananas.
3 Leve ao forno e asse por cerca de 30 minutos ou até que doure. Retire do forno, deixe esfriar, corte em pedaços e sirva.

12 PORÇÕES / 3 HORAS

"E gostaria de falar do bairro onde
nasci, a Gávea, pétrea e vegetal,
cujos morros subi e em cujas ruas
corri criança, Gávea da Lagoa,
em cujo lodo quase me afoguei,
cujos bondes pegava andando
e onde, na chácara do avô, à rua
Lopes Quintas, fui menino-rei."

Poema publicado em *Roteiro lírico e sentimental da cidade do Rio de Janeiro* (São Paulo: Companhia das Letras, 1992)

lopes quintas (a rua onde nasci)

A minha rua é longa e silenciosa como um caminho que foge
E tem casas baixas que ficam me espiando de noite
Quando a minha angústia passa olhando o alto...
A minha rua tem avenidas escuras e feias
De onde saem papéis velhos correndo com medo do vento
E gemidos de pessoas que estão eternamente à morte.
A minha rua tem gatos que não fogem e cães que não ladram
Na capela há sempre uma voz murmurando louvemos
Sem medo das costas que a vaga penumbra apunhala.
A minha rua tem um lampião apagado
Em frente à casa onde a filha matou o pai...
No escuro da entrada só brilha uma placa gritando quarenta!
      É a rua da gata louca que mia buscando
       os filhinhos nas portas das casas...
É uma rua como tantas outras
Com o mesmo ar feliz de dia e o mesmo desencontro de noite
A rua onde eu nasci.

trio de sobremesas da lopes quintas

Vinicius referia-se com fequência às frutas que comia na infância, a exemplo de carambola, manga e jaca, encontradas à farta no quintal da casa dos avós. As carambolas eram muito cultivadas em jardins no Rio de Janeiro, para alegria das crianças, que se encarapitavam nos galhos. (Quando cortados, os cinco gomos da fruta formam estrelas, de modo que se aconselha acondicionar a compota em um vidro bem elegante, para que as estrelas fiquem à vista de todos.) A musse de manga, feita com uma das frutas que simbolizam os trópicos, é bem leve e refrescante, maravilhosa para os dias de verão. A jaca, assim como a manga, possui um aroma pronunciado e característico, lembrando dias quentes e cigarras cantando. Aqui numa versão cremosa, ela não poderia faltar neste trio que completa as receitas de infância de Vinicius.

As três sobremesas foram criadas pela *restauratrice* Diana de Moraes, neta do poeta, filha de Georgiana de Moraes.

receitas preparadas pela chef Diana de Moraes

compota estrelada de carambola

INGREDIENTES

1 xícara (chá) de ÁGUA
1 xícara (chá) de AÇÚCAR
1 colher (sopa) de SUCO DE LIMÃO
5 CRAVOS-DA-ÍNDIA
500 g de CARAMBOLAS cortadas em fatias,
   formando estrelas

PREPARO

1 Leve ao fogo a água com o açúcar e o suco de limão. Deixe ferver por cerca de 15 minutos em fogo baixo, até começar a engrossar e alcançar ponto de calda (veja p. 43).
2 Adicione as frutas, deixe ferver por aproximadamente 5 minutos e desligue o fogo.
3 Espere esfriar e sirva pura ou com sorvete feito da própria carambola, ou de creme.
4 Para transformá-la em calda de sorvete, bata a compota no liquidificador, deixando algumas estrelas para enfeitar.
5 Se quiser guardar, acondicione o doce em compoteiras ou em vidros hermeticamente fechados e esterilizados, e mantenha-o na geladeira.

12 PORÇÕES / 30 MINUTOS

jaca ao creme

INGREDIENTES

1 lata de LEITE CONDENSADO
2 xícaras (chá) de LEITE INTEGRAL
2 GEMAS (passadas na peneira)
1 colher (sopa) de AMIDO DE MILHO
400 g de JACA EM CALDA
ramas de CANELA EM PAU para enfeitar

PREPARO

1 Em uma panela pequena, de fundo grosso, coloque o leite condensado, o leite integral, as gemas e o amido de milho. Misture até ficar bem homogêneo e leve ao fogo baixo, mexendo sempre para não grudar no fundo e não empelotar, até ferver e engrossar. Retire do fogo e continue mexendo por alguns minutos até amornar.
2 Monte a sobremesa em copinhos ou taças, começando com a jaca em calda no fundo, seguida do creme. Depois de gelado, o creme engrossa e pode ser decorado com um pedaço de jaca e uma rama de canela.
3 Se preferir, prepare a compota de jaca seguindo as mesmas instruções de calda da receita de compota de carambola.

12 PORÇÕES / 45 MINUTOS

musse de manga

INGREDIENTES

1 envelope (24 g) de GELATINA EM PÓ SEM SABOR
3 colheres (sopa) de ÁGUA FRIA
4 xícaras (chá) de MANGA descascada, cortada em cubos
    (de preferência Palmer ou Hadden, pois têm menos fiapos)
1 lata de CREME DE LEITE com soro
1 lata de LEITE CONDENSADO
1 colher (sopa) de SUCO DE LIMÃO

PREPARO

1 Misture a gelatina com a água em uma xícara e leve ao micro-ondas por 30 segundos para dissolver, misturando bem.
2 Leve as mangas ao liquidificador com o creme de leite e o leite condensado, junte o suco de limão e a gelatina e deixe bater por 2 minutos em velocidade baixa.
3 Despeje o creme em copinhos ou taças e deixe por 1 hora na geladeira antes de servir.

12 PORÇÕES / 30 MINUTOS

AS SAUDADES DO BRASIL, QUANDO A GENTE ESTÁ LONGE

Em turnês artísticas ou no cumprimento de funções diplomáticas, Vinicius de Moraes passou longos períodos fora do Brasil, principalmente na Europa e nos Estados Unidos. Ocupou postos consulares em Los Angeles, Roma e Paris, até ser aposentado compulsoriamente pelo AI-5, durante o regime militar. O conjunto de 23 receitas deste capítulo ensina a preparar alguns dos pratos de que o poeta mais sentia saudade longe de casa, ocasionalmente citados em seus textos.

Crônica publicada em *Para uma menina com uma flor* (São Paulo: Companhia das Letras, 2009)

minha terra tem palmeiras...

Vejo de minha janela uma nesga do mar verde-azul de Copacabana e me penetra uma infinita doçura. Estou de volta à minha terra... A máquina de escrever conta-me uma antiga história, canta-me uma antiga música no bater de seu teclado. Estou de volta à minha terra, respiro a brisa marinha que me afaga a pele, seu aroma vem da infância. Retomo o diálogo com a minha gente. Uma empregada mulata assoma ao parapeito defronte, o busto vazando do decote, há toalhas coloridas secando sobre o abismo vertical dos apartamentos, dá-me uma vertigem. Que doçura!

Sinto borboletas no estômago, deve ter sido o tutu com torresmo de ontem misturado ao camarão à baiana de anteontem misturado à galinha ao molho pardo de trasanteontem misturada aos quindins, papos de anjo, doces de coco do primeiro dia. Digiro o Brasil. Qual *canard au sang*, qual *loup flambé au fenouil*, qual *pâté Strasbourgeois*, qual nada! A calda dourada da baba de moça infiltra-se entre as papilas gustativas, elas desmaiam de prazer, tudo deságua em lentas lavas untuosas num amoroso mar de suco gástrico...

— É a *brazuca*! — disse-me Antonio Carlos Jobim balançando a cabeça com ar convicto, enquanto empinava o seu vw em direção ao Arpoador.

Há uma semana e meia atrás, pelas cinco da manhã, eu tocava violão para uns brasileiros e espanhóis da terceira classe, no *Charles Tellier*, que me trazia da Europa. De repente, um clarão lambeu o navio e todo mundo correu para a amurada. Era um farol de terra, possivelmente o de Cabo Frio. Havia entre nós um padre que regressava depois de quatro anos de estudos em Roma e Paris, um bom padre mineiro cheio de zelo pela nova missão de que vinha investido. Juro que vi o velho palavrão admirativo, o clássico palavrão labial de assombro formar-se em sua boca sem que ele sequer desse por isso.

Domingo passado fui almoçar na casa materna. Muito mais que as coisas vistas, os sons é que me emocionaram. Lá estava na parede o velho quadro de Di Cavalcanti, representando um ângulo da rua Direita pouco depois do antigo Hotel Toffolo, em Ouro Preto; mas o que me chegou foi o tinir das ferraduras dos burrinhos nas velhas pedras do calçamento, de mistura ao soar dos sinos e à voz presente de minha filha Luciana chamando-me: "Pai... iê!" para que eu fosse ver qualquer coisa. Depois, o sussurrar de vozes se amando baixinho no escuro de um beco, sob a luz congelada de estrelas enormes...

— Você gosta de mim?

— Gosto.

— Muito?

— Muito!

Minhas artérias entraram em constrição violenta, o peito doeu-me todo e eu me levantei e fui até a rua para respirar. Sei que morrerei um dia de uma emoção assim. Mas não adiantou. Lá estava o capim brotando de entre os paralelepípedos, lá estava a ladeira subindo para o verde úmido do morro, ali à esquerda ficava um antigo apartamento onde eu morei. Naquele tempo eu ganhava novecentos mil-réis por mês e estudava para o concurso do Itamaraty. Dava apertado, mas dava.

Por que será que só no Brasil brota capim de entre os paralelepípedos, e particularmente na Gávea? Existe por acaso um sorvete como o do seu Morais às margens do Ródano? Veem-se jamais as silhuetas de Lúcio Rangel e Paulo Mendes Campos numa cervejaria em Munique? Quem já viu passar a garota de Ipanema em Saint-Tropez?

Adeus, mãe Europa. Tão cedo não te quero ver. Teus olhos se endureceram na visão de muitas guerras. Tua alma se perdeu. Teu corpo se gastou. Adeus, velha argentária. Guarda os teus tesouros, os teus símbolos, as tuas catedrais. Quero agora dormir em berço esplêndido, entre meus vivos e meus mortos, ao som do mar e à luz de um céu profundo. Malgrado o meu muito lutar contra, eis que me vou lentamente tornando — logo eu! — num isolacionista brasileiro.

tutu com torresmo de ontem

INGREDIENTES

150 g de TOUCINHO (ou bacon) picado em cubos
300 g de LINGUIÇA CALABRESA DEFUMADA cortada
em rodelinhas
1 CEBOLA grande picada bem miudinho
3 dentes de ALHO picados
3 xícaras (chá) de FEIJÃO (preto ou carioquinha)
cozido com bastante caldo
SAL e PIMENTA-DO-REINO a gosto
FARINHA DE MANDIOCA CRUA suficiente
1 xícara (chá) de CHEIRO-VERDE picado

PREPARO

1 Numa frigideira grande, doure o toucinho até ficar
sequinho. Nessa mesma gordura, frite a linguiça até
dourar. Se ficar muita gordura residual, retire o excesso e refogue nessa mesma frigideira a cebola
até que as pontinhas comecem a escurecer. Em seguida adicione o alho, mexendo por mais 1 minuto.
2 Junte o feijão cozido e mexa até começar a ferver. Então, tempere com sal e pimenta e despeje a
farinha de mandioca aos poucos, polvilhando-a
com a mão e mexendo sem parar até alcançar o
ponto desejado — o tutu deve ter uma consistência
de pirão firme, porém não muito seco. Retire do
fogo e, para finalizar, misture o cheiro-verde.
3 Se precisar reaquecer, adicione um pouco mais
de caldo do feijão ou um pouco de água.
4 Sirva quente, com torresmos.

6 PORÇÕES / 15 MINUTOS

torresmos

INGREDIENTES

600 g de BARRIGA DE PORCO
SAL GROSSO
ÓLEO VEGETAL ou banha de porco
suficiente para fritar

PREPARO

1 Lave bem a barriga de porco e esfregue
sal grosso em toda a sua superfície. Seque
bem com o auxílio de papel-toalha, esfregue mais um pouco de sal grosso e deixe
descansar por alguns minutos. Retire todo o
excesso de sal, seque novamente com papel-toalha e corte-a em cubos (melhor com
o auxílio de uma tesoura de cozinha).
2 Coloque os cubos de barriga de porco em
uma panela de fundo grosso. Leve ao fogo
baixo e deixe dourar, mexendo sempre com
muito cuidado para não se queimar, pois a
gordura tende a estourar e respingar. Deixe
no fogo por cerca de 1 hora.
3 Retire-os da panela com o auxílio de uma
escumadeira, escorra bem o excesso de
gordura e espalhe-os em uma assadeira coberta com papel-toalha.
4 Aqueça o óleo para fritar em um tacho, e
quando estiver bem quente, acrescente os
torresmos aos poucos para fritar e "pururu-
car" (a pele dos torresmos deve ficar crocante e cheia de bolhinhas de ar). Retire-os da
gordura com uma escumadeira, escorra bem
e deixe secar em uma assadeira forrada com
papel-toalha. Acerte o sal, se necessário.
5 Depois de secos e frios, os torresmos podem
ser conservados por alguns dias em potes hermeticamente fechados.

6 PORÇÕES / 1H30

quindins

receita preparada pela chef Carol Brandão

A quantidade de gemas utilizada no preparo dos quindins faz lembrar a especulação a respeito da origem das receitas de alguns doces portugueses. Supostamente, as freiras usavam as claras dos ovos para engomar os hábitos — logo, sobravam tantas gemas que as religiosas acabaram por desenvolver a arte da doceria amarela. Seja ou não verdadeira essa história, o certo é que os brasileiros não hesitaram em adotar o gosto pelos doces com muito ovo e açúcar introduzidos pelos portugueses.

INGREDIENTES

100 g de LEITE
100 g de MANTEIGA
100 g de LEITE DE COCO
400 g de AÇÚCAR
240 g de GEMAS (aproximadamente 12 unidades)
100 g de COCO SECO ralado
MANTEIGA e AÇÚCAR para untar

PREPARO

1 Em uma panela, coloque o leite, a manteiga, o leite de coco e metade do açúcar. Leve ao fogo até levantar fervura e reserve.

2 Bata bem as gemas com a outra metade do açúcar e adicione o líquido ainda quente. Acrescente o coco ralado, misture bem e reserve na geladeira por 24 horas.

3 Preaqueça o forno em temperatura média (170°C).

4 Unte forminhas de empada com bastante manteiga e polvilhe-as com açúcar.

5 Encha as forminhas com a mistura de gemas e coco e acomode-as em um tabuleiro.

6 Leve ao forno e asse em banho-maria até que os quindins fiquem levemente corados (aproximadamente 30 minutos). Deixe amornar e só então desenforme.

OBSERVAÇÃO
Para os quindins darem certo, é necessário que os ingredientes sejam pesados e sigam rigorosamente a proporção estabelecida; por isso, mantivemos as medidas originais da chef Carol Brandão.

30 PORÇÕES / 1 HORA (MAIS 24 HORAS DE DESCANSO)

galinha ao molho pardo, de trasanteontem

receita preparada pela chef Dulce Soares

INGREDIENTES

1 FRANGO CAIPIRA cortado em 12 pedaços
    pelas juntas
SAL a gosto
2 dentes de ALHO amassados
suco de 1 LIMÃO
3 colheres (sopa) de ÓLEO VEGETAL
1 colher (sopa) de AÇÚCAR
1 CEBOLA grande picada
500 ml de CALDO DE FRANGO
1 prato fundo de SANGUE DE GALINHA
4 colheres (sopa) de VINAGRE
3 colheres (sopa) de FUBÁ DE MILHO
ORA-PRO-NÓBIS ou cheiro-verde a gosto
PIMENTA a gosto

PREPARO

1 Depois de limpar o frango, retire a pele e passe-o em água fervente.

2 Tempere com sal, o alho amassado e o suco de limão, e deixe descansar por alguns minutos.

3 Aqueça o óleo em uma panela grande, de fundo grosso e boca larga. Coloque o açúcar e deixe que doure. Acrescente a cebola e deixe dourar. Em seguida, ponha os pedaços do frango e frite até que peguem cor. Adicione o caldo e o sangue já misturado ao vinagre.

4 Quando estiver cozido, junte o fubá dissolvido em ½ copo de água, mexendo de vez em quando até engrossar.

5 Antes de servir, polvilhe ora-pro-nóbis picado, ou então cheiro-verde e pimenta.

6 Sirva com arroz branco, quiabo refogado e o molho pardo à parte.

6 PORÇÕES / 1H30

A galinha ao molho pardo é uma herança portuguesa que se transformou em clássico da culinária mineira. Por isso, a elaboração desta receita ficou a cargo de dona Dulce Soares, cozinheira das antigas, que por muitos anos comandou os fogões do tradicional restaurante Xapuri, de Belo Horizonte.

O prato é também conhecido como galinha à cabidela — cabidela com a acepção de "balbúrdia, confusão, misturada", descrevendo essa maneira tradicional portuguesa de cozinhar, em uma única panela, a ave junto com seu sangue e todos os outros ingredientes.

No Brasil, a galinha ao molho pardo está sujeita à extinção, pois é difícil conseguir a ave com seu sangue. Alguns restaurantes possuem um alvará que autoriza a criação de frangos para consumo próprio. De qualquer maneira, foi mantida a receita original.

baba de moça com calda dourada

INGREDIENTES

500 g de AÇÚCAR
1 COCO FRESCO ralado
1 copo americano de ÁGUA FERVENTE
10 GEMAS passadas em uma peneira fina
CANELA EM PÓ a gosto para polvilhar

Esta é a receita original de baba de moça a que Vinicius se referia ao escrever para a mãe, Lydia, na época em que estava no exterior. Também é um doce que leva muitas gemas, lindo aos olhos quando pronto.

PREPARO

1 Com o açúcar, faça uma calda grossa, até atingir ponto de pasta (veja p. 43).
2 Coloque o coco fresco ralado em um guardanapo grande de pano. Despeje a água fervente sobre o coco e retire o leite, espremendo bem.
3 Acrescente esse leite à calda de açúcar e leve ao fogo até que ela alcance novamente ponto de pasta. Adicione então as gemas peneiradas, mexendo continuamente, e quando levantar fervura, retire a mistura do fogo.
4 Sirva o doce em copinhos, polvilhando-os com canela moída, ou utilize em recheios de bolos e doces.

8 PORÇÕES / 30 MINUTOS

Numa carta ao parceiro Tom Jobim, na véspera
de uma viagem de navio da França ao Brasil, Vinicius
falou de alguns de seus pratos prediletos. A seleção
das próximas páginas inclui ainda as receitas mais
queridas da casa materna.

Trecho de carta para Tom Jobim, publicada em *Querido poeta – Correspondência de Vinicius de Moraes* (São Paulo: Companhia das Letras, 2003)

PORTO DO HAVRE (FRANÇA), 7 DE SETEMBRO DE 1964

"Tomzinho querido,

Estou aqui num quarto de hotel que dá para uma praça
que dá para toda a solidão do mundo. São dez horas
da noite e não se vê viv'alma. Meu navio só sai amanhã
à tarde e é impossível alguém estar mais triste do
que eu. E, como sempre nestas horas, escrevo para você
cartas que nunca mando.

Deixei Paris para trás com a saudade de um ano
de amor, e pela frente tenho o Brasil que é uma paixão
permanente em minha vida de constante exilado.
A coisa ruim é que hoje é 7 de setembro, a data
nacional, e eu sei que em nossa Embaixada há uma
festa que me cairia muito bem, com o Baden mandando
brasa no violão [...].

Você já passou um 7 de setembro, Tomzinho, sozinho,
num porto estrangeiro, numa noite sem qualquer
perspectiva? É fogo, maestro! [...]

Parece até que as saudades do Brasil, quando a gente
está longe, procuram mais a forma do samba tradicional
do que a Bossa Nova, não é engraçado? São, como diria
o Lucio Rangel, as raízes.

Vou agora escrever para casa e pedir dois menus
diferentes para a minha chegada. Para o almoço,
um tutuzinho com torresmo, um lombinho de porco,
bem tostadinho, uma couvinha mineira e doce
de coco. Para o jantar, uma galinha ao molho pardo,
com um arroz bem soltinho e papos de anjo.
Mas daqueles que só a mãe da gente sabe fazer,
daqueles que, se a pessoa fosse honrada mesmo,
só devia comer metida num banho morno
e em trevas totais. Pensando, no máximo, na mulher
amada. Por aí você vê como eu estou me sentindo:
nem cá, nem lá."

lombinho de porco bem tostadinho

INGREDIENTES

1 LOMBINHO DE PORCO de aproximadamente 1 kg,
   com a capa de gordura
1 colher (sopa) de MEL
1 colher (sopa) de MOSTARDA AMARELA
VINHA-D'ALHOS
1 CEBOLA grande picada
3 dentes de ALHO picados
½ copo americano de VINAGRE DE MAÇÃ
¼ de copo americano de AZEITE DE OLIVA
1 pitada de PIMENTA-DO-REINO BRANCA em pó
1 colher (sobremesa) de SAL
4 ramos de SALSINHA picada

PREPARO

1 Um dia antes, prepare a vinha-d'alhos, batendo levemente todos os ingredientes no liquidificador. Coloque o lombinho dentro de um saco plástico firme e despeje a vinha-d'alhos batida sobre a carne. Amarre bem o saco plástico e leve à geladeira para marinar por uma noite.
2 No dia seguinte, tire a carne da vinha-d'alhos e esfregue-a bem com o mel e a mostarda.
3 Preaqueça o forno em temperatura média (180°C).
4 Coloque o lombinho em uma assadeira e leve-o para assar por aproximadamente 45 minutos. (O poeta pedia que o lombo só fosse retirado do forno quando estivesse bem tostadinho por fora.)

6 PORÇÕES / 1H20 (MAIS 12 HORAS DE DESCANSO)

Esta receita precisa ser iniciada no dia anterior, para que a carne seja marinada. O prato é comum em Minas Gerais, estado que Vinicius de Moraes visitou muitas vezes.

uma couvinha mineira

INGREDIENTES

100 g de BACON cortado em cubos
   pequenos
2 dentes de ALHO grandes cortados
   em lâminas
1 maço de COUVE-MANTEIGA cortada
   em tiras bem finas
SAL a gosto

PREPARO

1 Em uma panela bem larga, de fundo grosso, refogue o bacon até que fique bem crocante. Retire-o da panela com o auxílio de uma escumadeira, mantendo a gordura.
2 Frite ligeiramente o alho na mesma gordura, até que fique dourado. Acrescente a couve e tempere com sal, mexendo sempre para cozinhar por igual.
3 Adicione o bacon crocante e sirva quente.

6 PORÇÕES / 20 MINUTOS

doce de coco cremoso

O doce de coco pode ser encontrado tanto em sua forma sólida, como as cocadas, quanto na versão cremosa desta receita, que contém ovos e leite. A mistura une a tradição leiteira europeia com um ingrediente tipicamente tropical. Não é à toa que a sabedoria das ruas diz que "docinho de coco" é uma pessoa amável.

INGREDIENTES

1 xícara (chá) de AÇÚCAR
2 ½ xícaras (chá) de COCO FRESCO ralado
3 xícaras (chá) de LEITE
3 OVOS grandes
2 CRAVOS-DA-ÍNDIA

PREPARO

1 Em uma panela, coloque o açúcar, 2 xícaras (chá) do coco ralado e o leite. Leve ao fogo baixo e deixe cozinhar por aproximadamente 30 minutos, mexendo de vez em quando até ficar em ponto de calda fina. Retire do fogo e deixe resfriar ligeiramente.
2 À parte, bata bem os ovos com um garfo e misture-os ao restante do coco ralado. Incorpore essa mistura à outra e leve novamente ao fogo baixo por aproximadamente 10 minutos, para que os ovos cozinhem e o creme engrosse. Misture os cravos e deixe esfriar. Acondicione em um recipiente de vidro hermeticamente fechado e guarde na geladeira. Sirva gelado.

6 A 8 PORÇÕES / 1 HORA

papos de anjo

Os papos de anjo pertencem à memória afetiva de Vinicius e são sempre mencionados em seus textos. O parceiro Toquinho conta uma ótima história relacionada ao doce — um extravagante, improvável e cômico plano de suicídio do poeta, motivado pelo diagnóstico de diabetes. A ideia de Vinicius era encher uma banheira com água morna e munir-se de um vasto estoque de papos de anjo, que seriam comidos um a um, de papo pro ar, incontáveis docinhos, até o fim em puro êxtase de gemas e açúcar.

INGREDIENTES

1 litro de CALDA MÉDIA (aproximadamente) (veja p. 43)
1 gota de ESSÊNCIA DE BAUNILHA
12 GEMAS (passadas em uma peneira fina para tirar a pele)
1 colher (sopa) cheia (30 g) de FARINHA DE TRIGO
MANTEIGA para untar as forminhas
CRAVOS-DA-ÍNDIA para enfeitar (opcional)*

PREPARO

1 Prepare a calda média na proporção de partes iguais de água e açúcar, deixando-a cozinhar sobre fogo baixo até reduzir em 20%, então acrescente a baunilha.
2 Mantenha a calda morna enquanto prepara os papos de anjo.
3 Bata as gemas por aproximadamente 10 minutos até ficarem bem branquinhas, então adicione a farinha de trigo e torne a bater bem.
4 Enquanto isso, preaqueça o forno em temperatura média (180°C), unte fôrmas de empadinha, coloque-as em uma assadeira e aqueça a água para o banho-maria.
5 Despeje as gemas batidas nas forminhas, preenchendo de um terço a metade de sua capacidade. Coloque a água quente no fundo da assadeira até alcançar um dedo de altura.
6 Leve imediatamente ao forno e deixe assar por 4-5 minutos, ou até que os docinhos cresçam, fiquem firmes e levemente dourados por cima.
7 Quando eles estiverem assados, desligue o forno e mantenha a porta aberta por cerca de 5 minutos, antes de tirar a assadeira. Retire-os ainda quentes das forminhas, com o auxílio de um pano de prato para não se queimar e de uma espátula ou faca sem ponta para soltá-los.
8 Ponha os papos de anjo na calda quente (ou morna) e conserve-os em uma compoteira.

* A receita original da família não tinha cravos como enfeite, pois Vinicius gostava de levar os docinhos inteiros à boca.

20-24 UNIDADES / 40 MINUTOS

galinha ensopada com batata e essas coisas

INGREDIENTES

1 FRANGO GRANDE INTEIRO cortado em 12 pedaços,
   ou 1 peito de frango com osso e pele cortado em 4 partes
   + 4 pedaços de coxa de frango + 4 pedaços de sobrecoxa de frango
1 colher (sobremesa) rasa de SAL
suco de 1 LIMÃO
2 CEBOLAS grandes picadas grosseiramente
4 dentes de ALHO picados finamente
4 colheres (sopa) de POLPA DE TOMATE
1 colher (chá) de COLORAU
1 folha de LOURO
1 pitada de CANELA EM PÓ
2 copos americanos de ÁGUA
2 BATATAS médias cortadas em cubos
1 CENOURA média cortada em cubos
½ PIMENTÃO VERDE sem sementes cortado em cubos
2 TOMATES sem pele e sem sementes cortados em cubos

PREPARO

1 Lave os pedaços de frango e tempere-os com sal e o suco de limão. Reserve.

2 Em uma panela grande, frite os pedaços de frango em sua própria gordura, em fogo alto, até que fiquem bem dourados. Retire do fogo e reserve (de preferência, deixe-os em uma travessa coberta dentro do forno morno).

3 Na mesma panela, aproveitando a gordura que ficou no fundo, doure a cebola. Adicione o alho e deixe dourar por mais alguns minutos. Acrescente a polpa de tomate e os pedaços de frango. Adicione o colorau, a folha de louro e a canela em pó.

4 Coloque a água e cozinhe em fogo baixo, com a panela tampada, por aproximadamente 30 minutos ou até que o frango comece a se soltar do osso (se necessário, ponha mais meio copo de água).

5 Acrescente os legumes e corrija o sal, se preciso, e cozinhe até que fiquem macios (15-20 minutos). Sirva com arroz.

6 PORÇÕES / 1H30

Os ensopados, tão comuns nos almoços das famílias brasileiras, possuem duas características precisas para justificar tal popularidade: primeiro, servem uma mesa numerosa e, depois, são de fácil preparo, proporcionando uma refeição quase completa em uma única panela. Sem falar que dá para deixar o ensopado cozinhando enquanto se cuida de outros afazeres — por exemplo, preparar o arroz, a saladinha e uma boa maionese de batata.

    A receita selecionada sugere o uso de um frango inteiro cortado em pedaços, acrescido de batatas e "essas coisas" para fazer render e aumentar, de acordo com o número de pessoas que chegam para o almoço. "Essas coisas" a que a família Moraes se referia eram simplesmente o que se costuma encontrar em casa: cenouras, pimentões, tomates, chuchus, vagens e o que mais houver.

maionese de batata

INGREDIENTES

3 BATATAS grandes picadas em cubos

2 CENOURAS médias picadas em cubos

1 CEBOLA picada fino

MOLHO DE MAIONESE

1 GEMA cozida

1 GEMA crua

1 colher (chá) de VINAGRE DE MAÇÃ ou de
    vinho branco

1 pitada de SAL

1 pitada de PIMENTA-DO-REINO BRANCA

ÓLEO VEGETAL suficiente para dar ponto
    (aproximadamente 1 xícara)

PREPARO

1 Cozinhe separadamente as batatas e as cenouras em água com sal até que fiquem cozidas, porém firmes. Escorra e resfrie rapidamente. Misture a cebola e reserve.

MOLHO DE MAIONESE

2 Em uma tigela, misture as duas gemas (a cozida e a crua) e o vinagre, e tempere com sal e pimenta. Vá colocando o óleo em fio, mexendo sempre até engrossar e formar um creme homogêneo.

3 Misture com os legumes cozidos e sirva gelada.

6 PORÇÕES / 40 MINUTOS

Maionese é um prato frequente na mesa dos brasileiros. Acompanha o churrasco de fim de semana, o almoço de domingo, a festa de aniversário — e aqui não poderia faltar. Há as conhecidas versões de maionese para o dia a dia, com cenoura, ervilha, milho, pedaços de ovos cozidos e cheiro-verde, e há as versões requintadas, com azeitona, camarão ou palmito. Em geral, cada família tem sua receita preferida, e conforme o que se encontra na despensa são compostas novas versões. Vai, sobretudo, da maestria de quem cria e se arrisca nas combinações. O que se recomenda, em qualquer caso, é usar poucos e bons ingredientes, em combinação harmoniosa.

Manteve-se aqui a forma original do preparo do molho de maionese, com ovos crus. Para evitar o risco de contaminação pela bactéria salmonela, muitos livros de receita retiraram esse ingrediente. Caso opte por usar a gema crua, o importante é escolher ovos muito frescos e de boa procedência.

empadão de frango

Empadão é prato versátil — no lanche da tarde ou como coadjuvante do almoço, sempre enriquece a mesa. Nos dias de festa, leva ingredientes nobres, como camarão e palmito, mas também é possível preparar variações mais simples, recheadas com frango e milho-verde ou apenas com legumes. Simples ou requintado, o empadão sempre aceita variações, dependendo da disponibilidade de ingredientes e da criatividade de quem o prepara. Algumas famílias cariocas faziam empadão em todas as ocasiões festivas do ano, e os aniversariantes tinham o direito de escolher o sabor do recheio.

INGREDIENTES

RECHEIO

1 colher (sopa) de MANTEIGA SEM SAL
1 CEBOLA grande picada
½ colher (sopa) de FARINHA DE TRIGO
2 TOMATES sem pele e sem sementes picados
500 g de PEITO DE FRANGO cozido e desfiado
½ xícara (chá) de CALDO DE FRANGO (ou água morna)
1 xícara (chá) de AZEITONAS VERDES picadas
SAL e PIMENTA-DO-REINO ou algumas gotas
    de molho de pimenta

MASSA

2 ½ xícaras (chá) de FARINHA DE TRIGO (ou mais)
1 colher (sobremesa) de FERMENTO EM PÓ
1 colher (chá) de SAL
1 colher (chá) de AÇÚCAR
4 colheres (sopa) de MANTEIGA
8 colheres (sopa) de LEITE
3 GEMAS (1 para pincelar a massa)

PREPARO

RECHEIO

1 Em uma panela de fundo grosso, refogue a cebola na manteiga até que murche. Acrescente a farinha de trigo e misture continuamente até começar a dourar. Então abaixe o fogo, adicione o tomate, o frango (ou camarão) e um pouco do caldo (ou água) para cozinhar e ficar encorpado — o recheio deve ficar úmido, bem cremoso, mas não muito molhado ou com excesso de líquido.
2 Junte as azeitonas picadas e acerte o tempero. Deixe esfriar e reserve.

MASSA

1 Misture os ingredientes secos e coloque-os em uma superfície lisa, formando um monte. Faça uma cavidade no centro e acrescente a manteiga e o leite misturado a duas gemas. Comece misturando aos poucos e delicadamente, com o auxílio de uma colher, da borda para o centro. Depois que tomar consistência, termine de misturar com as mãos até obter uma massa lisa.
2 Preaqueça o forno em temperatura média (180°C).
3 Com um rolo de macarrão, abra dois terços de massa e forre o fundo e a lateral de uma assadeira de 30 cm de diâmetro, com bordas altas e fundo removível. Reserve um terço da massa e abra-a formando um círculo para cobrir o empadão.
4 Espalhe o recheio sobre a massa aberta na assadeira, cubra com a outra parte da massa reservada e pincele com uma gema ligeiramente batida com 1 colher (sopa) de água fria.
5 Leve para assar por aproximadamente 1 hora, ou até que a superfície esteja dourada e crocante.
6 Sirva cortado em pedaços, quente ou frio.

8 FATIAS / 1H30

cinco tira-gostos

Entradinhas, tira-gostos, petiscos: pequenos bocados para beliscar antes da refeição ou para acompanhar o papo e o aperitivo. Vinicius adorava. E quem não adora?

Aqui, foram selecionadas cinco receitas de tira-gosto: carne-seca e aipim com açúcar, empadinhas de queijo, pastéis de carne, bolinhos de aipim com bacalhau e bolinhos de arroz.

Os bolinhos fritos lembram a influência francesa dos croquetes feitos com carne desfiada e a crosta crocante que batiza a iguaria. Nas receitas, faz-se reverência à *Manihot esculenta*, tubérculo utilíssimo nativo da América do Sul que recebe muitos nomes, como aipim, macaxeira, mandioca — cada designação descendendo de falares indígenas distintos.

Na receita de pastéis de carne, alude-se ao costume de Vinicius de salpicar salgados com uma névoa de açúcar. Ao menos como experiência, sugere-se a adoção desse hábito curioso também com a carne-seca e aipim e as empadinhas de queijo. Se for do seu gosto, faça como o poeta: sente-se ao lado do açucareiro.

carne-seca e aipim com açúcar

INGREDIENTES

600 g de CARNE-SECA dessalgada, cortada em cubos
600 g de MANDIOCA (aipim) em pedaços
2 colheres (sopa) de MANTEIGA DE GARRAFA ou COMUM, ou azeite de oliva
1 CEBOLA grande cortada em rodelas
MANTEIGA e AÇÚCAR a gosto para servir

PREPARO

1 Cozinhe a carne-seca em cubos em uma panela com um pouco de água.

2 Em outra panela, cozinhe o aipim até que fique bem macio. Mantenha-o na água do cozimento morna até a hora de servir.

3 Refogue a carne-seca na manteiga ou no azeite até que doure ligeiramente. Acrescente as rodelas de cebola e deixe que murchem.

4 Na hora de servir, retire os pedaços de aipim da água e cubra-os com manteiga (de garrafa ou comum). Sirva como aperitivo, com a carne-seca ao lado, e deixe o açucareiro à mesa para polvilhar sobre o aipim ainda bem quentinho, para o açúcar derreter.

6 PORÇÕES / 40 MINUTOS

empadinhas de queijo

INGREDIENTES

MASSA
1 GEMA
2 colheres (sopa) de MANTEIGA amolecida
1 colher (chá) de SAL
7 colheres (sopa) cheias de FARINHA DE TRIGO
MANTEIGA para untar

RECHEIO
1 xícara (chá) de QUEIJO PARMESÃO ralado
¼ de xícara (chá) de LEITE
1 colher (sopa) rasa de MANTEIGA amolecida
2 OVOS ligeiramente batidos

PREPARO

1 Preaqueça o forno em temperatura média/baixa (160°C). Em uma tigela, misture bem a gema com a manteiga e o sal. Adicione a farinha aos poucos, colher por colher, até obter uma massa lisa. Cubra e leve à geladeira para resfriar por alguns minutos enquanto prepara o recheio.
2 Numa vasilha, coloque todos os ingredientes do recheio e misture bem. Reserve.
3 Unte com manteiga as fôrmas de empadinha.
4 Abra a massa com um rolo ou pegue pequenas porções de massa e abra-as entre as mãos, e cubra o fundo e a lateral das forminhas untadas. Acomode-as dentro de um tabuleiro grande.
5 Com o auxílio de uma colher, distribua o recheio entre as forminhas até preencher ⅔ da sua capacidade (não é para cobrir com massa).
6 Leve ao forno e asse até que a superfície fique dourada.
7 Sirva-as ainda quentes, à moda do poeta, acompanhadas de açúcar para polvilhar.

20 EMPADINHAS / 1H20

pastéis de carne

A origem do pastel é bem controversa, rende conversas e suposições infindas. Uma das hipóteses é que foi trazido para o Brasil pelos imigrantes orientais, que teriam adaptado suas receitas ao paladar brasileiro, utilizando ingredientes locais. Para os portugueses, pastéis são iguarias recheadas em pequenos bocados, ou designam bolos (influência dos espanhóis). Seja como for, uma coisa é certa: o tipo de pastel que se popularizou no Brasil não tem similar em outros países.

Esta receita vem acompanhada da curiosidade biográfica citada na abertura desta seção de tira-gostos: Vinicius, já adulto, gostava tanto de açúcar que se sentava à mesa sempre ao lado do açucareiro. E aproveitava para cobrir de açúcar o seu pastel antes de levá-lo à boca.

INGREDIENTES

1 colher (sopa) de AZEITE DE OLIVA
1 CEBOLA grande picada fino
1 dente de ALHO picado
300 g de PATINHO moído
2 TOMATES sem pele e sem sementes picados
3 colheres (sopa) de AZEITONAS picadas
SAL e PIMENTA-DO-REINO a gosto
4 colheres (sopa) de SALSINHA bem picada
1 OVO COZIDO picado
1 pacote (200 g) de MASSA PARA PASTEL
ÓLEO suficiente para fritar

PREPARO

1 Numa frigideira grande, de fundo grosso, refogue a cebola no azeite até que murche. Acrescente o alho, refogue mais um pouco e junte a carne moída. Mexa constantemente com a ajuda de um garfo (para manter a carne bem soltinha) até que fique bem dourada. Adicione os tomates e as azeitonas, tempere com sal e pimenta, e deixe cozinhar por cerca de 5 minutos. Desligue o fogo, coloque a salsinha e o ovo cozido e misture bem. Deixe esfriar.
2 Disponha a massa em uma superfície enfarinhada e coloque o recheio com o auxílio de uma colher. Feche os pastéis, pressionando a beirada com os dentes de um garfo para selar bem.
3 Aqueça o óleo e frite poucos pastéis por vez durante alguns minutos, até que fiquem levemente dourados. Retire-os com uma escumadeira, escorrendo bem o óleo, e coloque-os em uma travessa forrada com papel-toalha. Sirva-os quentes, ou "à la Vinicius", polvilhados de açúcar.

DICA

Quem prepara pastéis sempre possui um segredinho, como por exemplo adicionar à massa um pouco de cachaça.

12 PASTÉIS / 40 MINUTOS

bolinhos de aipim com bacalhau

INGREDIENTES

1 colher (sopa) de AZEITE DE OLIVA
1 CEBOLA média picada
2 xícaras (chá) de MANDIOCA (aipim) cozida em pouca água
2 xícaras (chá) de BACALHAU dessalgado, desfiado
1 colher (sopa) de CHEIRO-VERDE picado
SAL e PIMENTA-DO-REINO a gosto
ÓLEO VEGETAL ou azeite de oliva suficiente para fritar

PREPARO

1 Refogue a cebola no azeite de oliva até que murche. Acrescente o bacalhau desfiado e refogue por 2-3 minutos. Deixe esfriar.
2 Passe o aipim no espremedor, adicione o bacalhau e o cheiro-verde e tempere com sal e pimenta. Misture bem até obter uma massa maleável, mas que desgrude das mãos com facilidade.
3 Molde os bolinhos com o auxílio de duas colheres de sopa (como quenelles) ou com as mãos, em formato de quibe.
4 Leve poucos por vez para fritar no óleo aquecido.
5 Sirva com molho de pimenta, azeite de oliva e limão.

16 BOLINHOS / 40 MINUTOS

bolinhos de arroz

INGREDIENTES

½ xícara (chá) de LEITE
1 OVO
½ colher (sopa) de MANTEIGA derretida
2 xícaras (chá) de ARROZ COZIDO
SALSINHA picada e SAL a gosto
2-3 colheres (sopa) de FARINHA DE TRIGO
ÓLEO suficiente para fritar

OBSERVAÇÃO

Se quiser preparar os bolinhos para fritar depois, passe-os numa mistura feita com partes iguais de farinha de trigo e farinha de rosca e mantenha-os em local seco e fresco por algumas horas (ou no freezer).

PREPARO

1 Numa vasilha, misture bem o leite com o ovo e a manteiga. Adicione o arroz cozido (que deve estar frio), tempere com salsinha e sal e vá acrescentando a farinha aos poucos, até dar liga.
2 Pegue a massa com o auxílio de uma colher de sobremesa, coloque-a entre as mãos untadas com manteiga e enrole para formar bolinhas. Leve-as imediatamente para fritar em óleo quente.

20 BOLINHOS / 30 MINUTOS

doce de banana

INGREDIENTES

1 kg de BANANAS-NANICAS bem maduras
200 g de AÇÚCAR CRISTAL
3 CRAVOS-DA-ÍNDIA
1 rama pequena de CANELA EM PAU

PREPARO

1 Descasque as bananas e pique-as em rodelas grossas.
2 Coloque-as em uma panela de fundo grosso e junte o açúcar e as especiarias.
3 Leve ao fogo baixo, mexendo constantemente, até que dê ponto de pasta (aproximadamente 10 minutos).
4 Se preferir fazer o doce em ponto de corte, cozinhe até que se desprenda do fundo da panela.
5 Se o preferir em ponto de compota, faça primeiro uma calda fina (veja p. 43) e deixe ferver com as bananas durante alguns minutos, mexendo apenas para evitar que grude no fundo da panela.

8 PORÇÕES / 30 MINUTOS

Bananada e doce de banana em calda são herança portuguesa derivada da marmelada — como aqui quase não há marmelos, entram bananas, goiabas ou figos. Em geral com conotação pejorativa, as bananas também se tornaram um dos símbolos do imaginário tropical. Uma das músicas cantadas por Carmen Miranda era justamente "I Make My Money with Bananas" ("ganho meu dinheiro com bananas"), sem falar em suas fantasias extravagantes, em que tinha lugar cativo essa fruta tão farta no Brasil. Vinicius foi amigo da cantora (frequentava a casa dela quando morou em Los Angeles) e do Bando da Lua, o grupo musical que a acompanhava nos shows e nos filmes.

> "A casa da Carmen [Miranda] é muito hospitaleira e eu cada dia gosto mais dela. Ela é um amor de pessoa, Mané, com todas as bananas na cabeça e extravagâncias que usa."

Trecho de carta enviada a Manuel Bandeira em 14/9/1947, publicada em *Querido poeta — Correspondência de Vinicius de Moraes* (São Paulo: Companhia das Letras, 2003)

mãe-benta

Mãe-benta é um doce tradicional brasileiro. Há algumas versões a respeito de seu "descobrimento" — a mais conhecida remete aos dotes da doceira Benta Maria da Conceição Torres, famosa no Rio de Janeiro no início do século XIX. Para Laetitia de Moraes, trata-se de uma espécie de *cupcake*, mas sem a cobertura, parecido também com um *muffin*. Como é feita com farinha de arroz e leite extraído do coco, a mãe-benta é indicada para quem tem intolerância a glúten e a lactose.

INGREDIENTES

1 COCO FRESCO ralado
3 OVOS inteiros
300 g de AÇÚCAR
300 g de MANTEIGA
300 g de FARINHA DE ARROZ
3 GEMAS
1 COCO FRESCO ralado para juntar à massa

PREPARO

1 Divida o primeiro coco ralado em três partes e use duas partes para extrair o leite, sem água, espremendo-o bem dentro em um guardanapo de pano (reserve o coco restante para a hora de servir).
2 Preaqueça o forno em temperatura média (180°C).
3 Coloque forminhas de papel graúdas dentro de fôrmas de empadinha e acomode-as em um tabuleiro grande.
4 À parte, em uma tigela, bata bem os ovos inteiros com o açúcar. Em seguida, sempre batendo, vá adicionando a manteiga, a farinha de arroz e o leite extraído do coco, e por último as gemas e o segundo coco ralado. Continue batendo até a massa rebentar em bolhas.
5 Distribua a massa entre as forminhas de papel e leve o tabuleiro ao forno para assar por aproximadamente 25 minutos, ou até os bolinhos dourarem levemente por cima — mantenha o forno entreaberto para esfriar um pouco antes de retirar os bolinhos.
6 Para servir, cubra-os com geleia caseira de morango (veja receita ao lado) ou misture o coco reservado (após extrair o leite) com um pouco de açúcar e polvilhe-o sobre os bolinhos ainda quentes.

12 UNIDADES / 45 MINUTOS

geleia caseira de morango

INGREDIENTES

4 xícaras (chá) de MORANGOS maduros
1 xícara (chá) de AÇÚCAR
½ xícara (chá) de ÁGUA
ramos de LAVANDA FRESCA (opcional)

PREPARO

1 Preaqueça o forno em temperatura média/baixa (160°C).
2 Em uma panela pequena e funda, misture os morangos com o açúcar e a água. Leve ao fogo baixo e deixe ferver por aproximadamente 5 minutos, sem mexer.
3 Transfira o conteúdo da panela para uma assadeira e distribua ramos de lavanda por cima dos morangos.
4 Leve ao forno e deixe reduzir por aproximadamente 15-20 minutos. A cada 5 minutos, observe os morangos para evitar que queimem ou sequem demais. Retire os ramos de lavanda e despeje a geleia ainda morna, às colheradas, sobre as mães-bentas.

APROXIMADAMENTE 300 ML / 40 MINUTOS

bolo 1-2-3-4

Quer saber uma receita de cor? Então, basta ler as instruções abaixo e depois declamar em voz alta: *1, 2, 3, 4 — um, manteiga, dois, açúcar, três, ovos, quatro, trigo*. Só não se esqueça do leite. A aparência e a textura obtidas são típicas do bolo inglês.

INGREDIENTES

1 OVO (separe gema e clara)
1 colher (sopa) de MANTEIGA SEM SAL
3 colheres (sopa) de AÇÚCAR
2 colheres (sopa) de LEITE INTEGRAL
4 colheres (sopa) de FARINHA DE TRIGO
½ colher (sopa) de FERMENTO EM PÓ
AÇÚCAR DE CONFEITEIRO para polvilhar

PREPARO

1 Preaqueça o forno em temperatura média/baixa (160°C).
2 Unte uma fôrma pequena de bolo inglês com manteiga e farinha e reserve.
3 Separe a gema da clara. Bata as claras em neve e reserve.
4 Numa tigela em separado, misture a manteiga e o açúcar com o auxílio das costas de uma colher até ficar macio. Junte a gema e bata até ficar quase branca. Misture o leite. Adicione a clara batida nessa mistura, delicadamente.
5 Por último, incorpore a farinha ao fermento, aos poucos e com movimentos delicados, até formar uma massa homogênea.
6 Leve para assar por aproximadamente 15-20 minutos. Ao tirar do forno, polvilhe com açúcar de confeiteiro.

DICA

Este é um bolo pequeno, rápido e de fácil preparo. Não indicamos usar batedeira devido ao pouco volume de ingredientes da receita.

1 BOLO PEQUENO / 40 MINUTOS

Gâteau de ménage significa algo como "bolo caseiro" ou "bolo com cobertura". Trata-se de uma receita antiga, que revela a influência francesa na gastronomia brasileira. Originalmente é um bolo de preparo rápido da região de Franche-Comté, no leste da França, perto da Suíça. Este bolo pode ser feito (e servido) em um recipiente refratário. Cobre-se com um glacê de açúcar, suco e raspas de limão.

gâteau de ménage

INGREDIENTES

MASSA
3 OVOS (separe as gemas e as claras)
1 GEMA
125 g de AÇÚCAR
raspas da casca de 1 LIMÃO
125 g de FARINHA DE TRIGO
½ colher (sopa) de FERMENTO EM PÓ

GLACÊ
1 xícara (chá) de AÇÚCAR DE CONFEITEIRO
suco e raspas da casca de 1 LIMÃO

PREPARO

1 Preaqueça o forno em temperatura média (180°C).
2 Bata as 4 gemas até que dobrem de volume e formem uma espuma branca. Adicione o açúcar aos poucos, às colheradas, sempre batendo. Reserve.
3 Bata as claras em neve e, quando alcançar picos firmes, adicione as raspas de limão. Misture delicadamente as duas espumas, e em seguida adicione a farinha misturada ao fermento, sem bater muito, para a massa não perder o volume e a leveza.
4 Coloque a massa em um refratário untado, leve ao forno e asse por aproximadamente 30 minutos.
5 Enquanto o bolo estiver assando, prepare o glacê misturando o açúcar de confeiteiro e o suco de limão, mexendo até formar um creme liso.
6 Retire o bolo do forno e, quando ele estiver de quente para morno, espalhe o glacê por cima. Polvilhe imediatamente as raspas de limão e sirva quando o glacê secar.

6 PORÇÕES / 50 MINUTOS

Trata-se de um bolo de coco bem fofo.
Pode ser preparado sem recheio,
e mesmo assim fica ótimo. E é possível
recheá-lo com doce de leite ou de coco
ou, ainda, adicionar um merengue
feito com as quatro claras restantes
da receita.

bolo dos bem-casados

INGREDIENTES

500 g de AÇÚCAR
100 g de MANTEIGA SEM SAL
200 ml de LEITE DE COCO
150 g de FARINHA DE TRIGO
3 OVOS inteiros (separe as gemas
   e as claras)
4 GEMAS

PREPARO

1 Preaqueça o forno em temperatura média/baixa (160°C).
2 Derreta o açúcar em uma panela até que caramelize e deixe esfriar um pouco, mexendo, para evitar que endureça.
3 Adicione a manteiga e o leite de coco, misture bem e deixe esfriar. Acrescente a farinha e misture bem.
4 Bata 7 gemas por aproximadamente 10 minutos, até que formem uma espuma densa e branca. Separadamente, bata as claras em neve, em picos firmes, e incorpore-as com delicadeza à espuma das gemas.
5 Junte a espuma de ovos à mistura de açúcar, manteiga, leite de coco e farinha, mexendo delicadamente com uma colher.
6 Coloque a massa em fôrma de fundo removível untada e forrada com papel-manteiga, leve ao forno e asse por aproximadamente 1 hora.

10 PORÇÕES / 1H30

incursões famintas à cozinha
e misteriosos ataques à geladeira

Quando chegava em casa tarde da noite, Vinicius tinha o hábito de vasculhar a cozinha em pequenas incursões exploratórias para ver "o que é que há". Passava em revista as panelas sobre o fogão, aproveitava para beliscar um pouquinho de feijão, um bolinho, um prato de canja. Um salgado perdido ou um docinho dando sopa, e pronto, sumiu.

    Um episódio engraçado da biografia de Vinicius envolve essa característica de réu confesso de furtos à geladeira. Era a época em que o poeta desenvolveu diabetes, não podendo mais ingerir açúcar, paixão mais de uma vez contada por aqui — vide seu curioso costume de comer até pastel de carne molhadinho no açucareiro (veja p. 105). Quase todo mundo suspeitava que Vinicius, escondido, comesse doces à noite. Difícil era fazer o flagrante na hora em que todos os gatos são pardos. Até que, certo dia, alguém abre a geladeira de manhã cedo e dá falta de alguns doces — e encontra aquele par de óculos inconfundível esquecido ali dentro, os aros até já um pouco geladinhos. Não há crime perfeito.

canja da meia-noite

INGREDIENTES

1 COXA DE FRANGO COM A SOBRECOXA
1 PEITO DE FRANGO com a pele e o osso
VINAGRE a gosto
1 colher (sopa) de AZEITE DE OLIVA
1 CEBOLA picada
1 dente de ALHO picado
1 CENOURA ralada ou cortada em cubinhos
1 xícara (chá) de ARROZ cru
1 BATATA grande picada miudinho
2 litros de CALDO DE FRANGO (em temperatura ambiente)
1 folha de LOURO
SAL a gosto
1 colher (sopa) de SALSINHA picada

Vinicius deu esse apelido sugestivo à canja que
recepcionava, de seu posto em cima do fogão, quem
chegava mais tarde em casa. Um hábito da família
Moraes para acolher certos esfomeados que fazem
uma boquinha antes de dormir. É uma canja leve,
reconfortante, irresistível.

PREPARO

1 Lave bem o frango com um pouco de vinagre e enxágue-o
em água fria. Reserve.
2 Refogue a cebola no azeite até murchar. Junte o alho e a
cenoura e deixe refogar mais um pouco.
3 Acrescente o arroz, a batata picada, o frango, o caldo e o
louro. Tampe e deixe ferver em fogo baixo por aproximadamente 35-40 minutos.
4 Antes de servir, polvilhe com a salsinha.

8 PORÇÕES / 40 MINUTOS

Como acontecia com a canja da meia-noite, Vinicius gostava de atacar a panela de feijão quando chegava da rua. Em cartas e texto, referia-se ao amor que nutria pelas comidas caseiras e bem brasileiras — aquele cheirinho do que é familiar, um prato bem arrumado com carinho na mesa, a conversa com as pessoas queridas.

O feijão-preto e o arroz formam a dupla preto e branco mais comum e obrigatória na culinária caseira do brasileiro. Quando novo, o feijão-preto produz um caldo retinto. Cozido em fogo lento, com carnes e linguiças gordas e defumadas, adquire um sabor inigualável, que remete à boa feijoada. Mesmo que o brasileiro não consuma feijoada diariamente, por ser um prato pesado e trabalhoso, incluir no preparo do feijão alguns pertences da feijoada é usual: um pedacinho que seja de paio, linguiça ou apenas uma ripa de costelinha, e o feijão ganha aroma e sabor inigualáveis. Daqueles que fazem falta quando se está longe do Brasil. A mesma saudade que se tem do arroz branco, bem soltinho, o brasileiríssimo tipo agulhinha, sem mais ingredientes além de uma pontinha de cebola picada, um dente de alho ou uma folha de louro.

Curiosidade: antigamente, as cozinheiras enrolavam a panela de arroz em pano de prato ou jornal velho e a deixavam ao forno, para manter a temperatura e terminar de cozinhar nesse calor brando. Vale a pena tentar, pois esse é um dos segredos do arroz soltinho da família.

feijão-preto com gordura e arroz soltinho

INGREDIENTES

FEIJÃO
500 g de FEIJÃO-PRETO
1 folha de LOURO
50 g de BACON ou toucinho bem picado
1 CEBOLA
2 dentes de ALHO
½ PIMENTA DEDO-DE-MOÇA (sem as sementes)
1 colher (chá) de SAL

ARROZ
2 xícaras (chá) de ARROZ BRANCO (tipo agulhinha)
1 fio de ÓLEO VEGETAL
1 dente de ALHO picado
SAL a gosto

PREPARO

FEIJÃO

1 Lave o feijão e deixe-o de molho em água fria desde a véspera.

2 No dia seguinte, encha uma chaleira de água, leve-a para ferver e mantenha-a aquecida em fogo baixo, repondo sempre a água durante o processo, pois será utilizada várias vezes no preparo do feijão e do arroz.

3 Coloque em uma panela o feijão e a água em que ficou de molho, junte a folha de louro e leve ao fogo baixo para ferver até que os grãos estejam cozidos, sem desmanchar (aproximadamente 1 hora, se o feijão for novo; caso contrário, pode levar o dobro do tempo). Verifique a quantidade de água para o molho e acrescente mais água fervente aos poucos, cuidando para o feijão não queimar nem grudar no fundo da panela. Nunca coloque muita água de uma só vez, mantendo sempre o caldo bem grosso.

4 Pique os temperos e soque o alho com a pimenta e o sal em um pilão. Numa frigideira grande, doure o bacon até liberar o máximo de gordura. Acrescente a cebola e a mistura de alho com pimenta e deixe refogar até começar a mudar de cor. Junte a isso duas conchas do feijão e esmague-o com um pilão ou com a própria concha, para formar uma massa homogênea. Coloque esse tempero na panela do feijão, misture bem e, após ferver por mais cerca de 5 minutos, ajuste o sal.

ARROZ

1 Para preparar um arroz soltinho, o segredo é usar um pouco menos de duas medidas de água para uma de arroz. Portanto, verifique se há água suficiente em ebulição na chaleira.

2 Lave o arroz em água corrente e deixe escorrer bem.

3 Numa panela pequena, de fundo grosso, aqueça levemente o óleo e refogue o alho apenas para exalar seu aroma. Em seguida, adicione o arroz, tempere com um pouco de sal, misture bem e, quando o arroz estiver bem quente, despeje aproximadamente 3 ½ xícaras (chá) de água fervente. Ajuste o sal da água, abaixe o fogo e deixe ferver com a panela semitampada por cerca de 15-20 minutos. Quando a água estiver quase secando, mas ainda borbulhando no fundo da panela, tampe-a e desligue o fogo.

6 PORÇÕES / 1H20 (MAIS O TEMPO DE DESCANSO)

NATAL EM FAMÍLIA

Na família Moraes, a mesa de Natal era farta, caprichada. Três receitas são obrigatórias: o *roast turkey* — versão americana do peru com castanhas portuguesas, cujo molho é preparado com o fundo que fica na assadeira —, o pudim de passas e as rabanadas. De acompanhamento para o peru, o salpicão colorido. Ainda para a sobremesa, há a opção do bolo americano de chocolate. Na mesa, um prato com castanhas e frutas secas é posto como decoração — amêndoas, avelãs, passas e nozes, acompanhadas de um charmoso quebra-nozes, o item predileto das crianças.

Trecho de carta de Vinicius para a mãe, D. Lydia de Moraes, publicada em *Querido poeta – Correspondência de Vinicius de Moraes* (São Paulo: Companhia das Letras, 2003)

PARIS, 20 DE DEZEMBRO DE 1963

"Lydinha querida,

Depois de três Natais aí junto de você, de vocês,
é duro passar esse dia, sempre tão cheio de memórias,
no estrangeiro. Fico lembrando do presunto,
das rabanadas, do pudim de passas e da movimentação
em casa, com Marquinhos e Eliana a dançarem,
o Helius espapaçado na poltrona e vocês a se agitarem
por ali tudo. Negócio de Natal e fim de ano, só mesmo
na casa materna!

[...]

Para vocês todos, em torno à mesa de Natal, milhões
de votos e de saudades do
Filho Ausente"

peru de natal

Esta receita de peru é muito especial. O preparo deve começar dois dias antes, e o recheio é feito com uma mistura que Laetitia aprendeu em uma de suas viagens aos Estados Unidos.

"No pescoço, papo do peru, vai uma mistura de castanhas portuguesas moídas e cebola. No dorso, farofa amarela: com gema de ovos, miúdos com farinha e manteiga à beça!"

Laetitia de Moraes

INGREDIENTES

1 PERU de aproximadamente 3 kg
1 garrafa de VINHO BRANCO SECO
1 colher (sopa) de SAL
6 folhas de SÁLVIA rasgadas
1 CEBOLA grande picada
2 dentes de ALHO picados
2 colheres (sopa) de ÓLEO VEGETAL
1 CEBOLA inteira, sem casca,
   para rechear a cavidade
2 dentes de ALHO inteiros, sem casca,
   para rechear a cavidade
ramos de SÁLVIA ou de cheiro-verde a gosto
   para rechear a cavidade
2 colheres (sopa) de MANTEIGA
1 colher (sopa) de MEL

12 PORÇÕES / 5 HORAS (MAIS O TEMPO DA MARINADA)

PREPARO

1 Compre o peru dois dias antes de servi-lo. Lave-o bem em água corrente e deixe escorrer enquanto prepara o tempero. Misture em um saco plástico grande, próprio para comida, o vinho com o sal, a sálvia, a cebola e o alho picados e o óleo. Coloque a ave nesse saco, envolva-a bem no tempero e deixe marinar na geladeira por 24 horas.

2 No dia seguinte, escorra a marinada do peru e seque-o com papel-toalha. Solte a pele de todo o peito a partir do pescoço com uma espátula de ponta arredondada, para não rasgar a pele, e insira uma generosa camada da pasta de castanha portuguesa (veja p.122) entre a pele e a carne da ave, em toda a sua extensão. Prenda novamente a pele com o auxílio de palitos de dente ou com barbante de cozinha.

3 Na cavidade interna da ave, coloque a cebola inteira e os dentes de alhos inteiros, junto com mais alguns ramos de sálvia ou cheiro-verde, ou então, se preferir, recheie a ave com a farofa de miúdos (veja p.122). Feche a cavidade com palitos de dente ou costure-a com barbante de cozinha.

4 Cruze as coxas da ave a amarre-as, espete palitos de dente para prender as asas junto ao peito e embrulhe as extremidades das coxas e das asas com papel-alumínio untado com um pouco de óleo, para evitar que queimem durante o cozimento.

5 Preaqueça o forno em temperatura média/baixa (160°C).

6 Misture a manteiga com o mel e espalhe-a por toda a superfície da ave. Acomode o peru em uma assadeira grande e leve-o para assar por aproximadamente 1 hora por quilo de ave. Durante o processo de cozimento, abra o forno a cada 30-40 minutos e regue o peru com o líquido da assadeira. Quando estiver pronto, retire-o do forno e deixe descansar por aproximadamente 10 minutos antes de cortar, para que os sucos permaneçam na carne e não se percam na tábua de corte. Aproveite para retirar os palitos, o alumínio e o barbante utilizados.

7 Sirva-o inteiro ou corte os membros pelas juntas e fatie o peito na transversal, dispondo-os em uma travessa grande, enfeitada com frutas em calda e fios de ovos.

Roast turkey.

Buy your turgney two days before you plan to serve it. Loosen the skin all over the breast, and with a flat knife insert a generous layer of thick chestnut and onion paste.

Chestnut & onion paste.

3 medium onions and 1/2 pound (227 gr) chestnuts ground together and seasoned with salt,

between the loosened skin and the meat. Put the turkey on ice for two days. During this time the flesh will absorb the flavor of chestnut & onions. Leave the paste under skin when you cook the turkey. Cover it with

pasta de castanha portuguesa

INGREDIENTES

3 CEBOLAS médias passadas no ralo grosso
250 g de CASTANHAS PORTUGUESAS moídas
   e temperadas com sal
1 colher (sopa) de MANTEIGA

PREPARO

Misture bem os ingredientes até formar uma pasta grossa e homogênea. Reserve.

molho do peru
(gravy)

INGREDIENTES

RESÍDUOS DO FUNDO DA ASSADEIRA onde
   foi preparado o peru
1 CEBOLA picada
1 talo de SALSÃO picado
1 colher (sopa) rasa de AMIDO DE MILHO
1 xícara (chá) de VINHO BRANCO SECO
1 xícara (chá) de ÁGUA

PREPARO

1 Prepare o molho na própria assadeira, juntando aos resíduos do cozimento a cebola e o salsão. Leve a assadeira à chama da boca do fogão e refogue os legumes por alguns minutos, mexendo sempre.
2 Em seguida, polvilhe com o amido de milho, misture bem até que seja incorporado e adicione o vinho. Deixe ferver por alguns minutos em fogo baixo, até evaporar, e por último acrescente a água. Deixe ferver novamente, mexendo até o caldo engrossar.
3 Coe e sirva-o morno, com o peru.

farofa de miúdos
(sarrabulhos)

INGREDIENTES

OS MIÚDOS e O PESCOÇO DA AVE
3 colheres (sopa) de MANTEIGA
1 CEBOLA picada
3 OVOS
1 colher (sopa) de ÓLEO VEGETAL
8 colheres (sopa) de FARINHA DE ROSCA
   ou de mandioca
SAL e PIMENTA-DO-REINO a gosto
1 colher (sopa) de CHEIRO-VERDE picado

PREPARO

1 Ferva os miúdos e o pescoço do peru em água e sal por aproximadamente 30 minutos. Desfie a carne do pescoço e pique os miúdos. Reserve.
2 Em uma frigideira, derreta 1 colher (sopa) da manteiga e doure a cebola até que murche, depois acrescente os miúdos picados. Retire da frigideira e reserve.
3 Na mesma frigideira em que refogou os miúdos, aqueça mais 1 colher (sopa) da manteiga e coloque os ovos, mexendo sempre com uma colher até que fiquem bem cozidos. Reserve junto aos miúdos.
4 Derreta a última colher de manteiga com o óleo na mesma frigideira, acrescente 2 colheres (sopa) da farinha e deixe-a dourar em fogo bem baixo até exalar um aroma de tostado, mexendo sempre. Ponha os miúdos e os ovos de volta na frigideira, misture bem e vá juntando o restante da farinha aos poucos, às colheradas, até obter uma farofa soltinha. Tempere com sal e pimenta, polvilhe com o cheiro-verde e sirva-a quente.
5 Se for utilizar a farofa para rechear o peru, acrescente mais 2 colheres (sopa) de farinha, pois durante o cozimento ela ficará bem úmida.

salpicão das mil cores

O salpicão fazia parte de banquetes e mesas de almoços especiais. Servido frio, como acompanhamento de assados e até de churrasco, é um prato tradicional, em que são misturados legumes diversos com carne desfiada. Nesta versão, a base é peito de frango, mais pimentões e cenouras para alegrar a mesa com suas cores variadas. A combinação da maionese com creme de leite confere ao prato sua textura leve.

INGREDIENTES

suco de ½ LIMÃO
1 colher (chá) de SAL
1 colher (sopa) de AÇÚCAR
1 CEBOLA-ROXA pequena cortada em tiras muito finas
½ PIMENTÃO VERDE cortado em tiras muito finas
½ PIMENTÃO VERMELHO cortado em tiras muito finas
1 CENOURA pequena cortada em tiras muito finas
1 PEITO DE FRANGO cozido desfiado
1 talo de SALSÃO cortado em tiras muito finas

MOLHO
1 colher (sopa) de MAIONESE
1 colher (sopa) de CREME DE LEITE
suco de ½ LIMÃO
100 g de AZEITONAS VERDES picadas
SAL e PIMENTA-DO-REINO a gosto

PREPARO

1 Em uma tigela pequena, esprema o suco de limão, junte o sal, o açúcar e a cebola e misture. Deixe a cebola marinar por 5 minutos e enxágue bem em água corrente. Ponha em uma peneira e deixe escorrer bem. Reserve.

2 Em outra tigela, coloque a maionese, o creme de leite e algumas gotas de suco de limão. Acrescente a cebola escorrida e as azeitonas picadas e tempere com sal e pimenta-do-reino a gosto. Misture bem e reserve.

3 Por último, em uma saladeira, ponha os demais ingredientes do salpicão. Adicione o molho reservado, misture bem para incorporá-lo e leve à geladeira. Sirva frio.

12 PORÇÕES / 40 MINUTOS

pudim de passas

A receita de pudim de passas permanece no Natal dos Moraes até os dias de hoje: "Sem pudim de passas não tem Natal!", dizem na família.

INGREDIENTES

PUDIM

1 xícara (chá) de UVAS-PASSAS sem sementes

FARINHA DE TRIGO para polvilhar

¼ de xícara (chá) de MANTEIGA

¾ de xícara (chá) de AÇÚCAR

1 OVO bem batido (bata a clara, junte a gema e torne a bater)

¾ de xícara (chá) de FARINHA DE TRIGO

1 colher (chá) de BICARBONATO DE SÓDIO dissolvido em 1 colher (sopa) de água

½ xícara (chá) da ÁGUA em que as uvas-passas foram fervidas

MOLHO DE AÇÚCAR MASCAVO

½ xícara (chá) de ÁGUA

¾ de xícara (chá) de AÇÚCAR MASCAVO

2 colheres (chá) de MANTEIGA

½ colher (chá) de EXTRATO DE BAUNILHA

PREPARO

1 Preaqueça o forno em temperatura média/alta (180°C-200°C).

2 Lave as uvas-passas cuidadosamente e depois coloque-as em uma panela, cobrindo-as com água. Leve-as ao fogo e cozinhe até que fiquem "gordinhas". Escorra as passas e reserve a água da fervura. Seque as passas com um pano e polvilhe-as com um pouquinho de farinha de trigo. Reserve.

3 Separadamente, bata muito bem a manteiga com açúcar. Adicione o ovo batido, a farinha de trigo, o bicarbonato dissolvido em água e, por fim, a água das passas reservada. Misture tudo muito bem e por fim incorpore as passas polvilhadas.

4 Despeje a massa em fôrma untada que possa ser levada à mesa. Leve ao forno e asse até que a superfície esteja firme ao ser tocada.

5 Enquanto o pudim estiver assando, coloque a água e o açúcar mascavo em uma panelinha. Leve ao fogo e deixe ferver por 5 minutos, depois junte a manteiga e a baunilha.

6 Retire o pudim do forno quando ainda bem quente e fure toda a sua superfície com um palito. Regue-o ainda quente com o molho, para que o absorva todo e fique bem úmido.

6 PORÇÕES / 1 HORA

rabanadas do nosso jeito

Este é um dos tesouros da família: a receita de rabanadas originalíssima, ensinada tim-tim por tim-tim por Laetitia. Desde que seja seguida a minuciosa e inspirada "orquestração" da experiente cozinheira, não há como errar.

O QUE É PRECISO

PÃO DE RABANADA, "dormido" o mínimo de 2 horas, cortado em fatias de 2,5 cm de espessura
LEITE levemente adoçado e, na hora de ser usado, ligeiramente amornado (só amornado, nunca quente)
OVOS em temperatura ambiente
uma vasilha, tipo saladeira, cheia de AÇÚCAR e CANELA (costumo abusar um pouco da canela)
pitadas de SAL
MANTEIGA apenas, ou meio a meio com margarina
uma frigideira grande o bastante para abrigar de 3 a 4 rabanadas de cada vez

ORQUESTRAÇÃO

1 Colocar na travessa, sobre o mármore da pia, todas as fatias cortadas de pão.
2 Em mesa perto do fogão, dispor a vasilha de açúcar e canela, e, ao lado, o prato onde serão servidas as rabanadas prontas, já generosamente polvilhadas de açúcar e canela (misturados, é claro).
3 Colocar sobre a pia uma vasilha funda, onde serão batidos os ovos (dois de cada vez).

AÇÃO

1 Amornar o leite e despejá-lo em vasilha não muito funda e de base reta. Nela deitar, três de cada vez, as fatias de pão. Assim que estiverem embebidas no leite, retirá-las, uma a uma, com um garfo — com uma ligeira pressão da mão contra o lado da vasilha, escorrer o excesso de leite e a seguir levá-las de volta à travessa de onde foram tiradas e onde estão as próximas a serem embebidas. Assim proceder com todas as fatias.

2 Em prato fundo, bater, com uma pitada de sal, as claras de dois ovos, até que formem neve (não essa neve de picos firmes), e então juntar as gemas. Bater tudo novamente. Isto feito, passar pelos ovos batidos, uma a uma, as fatias já embebidas no leite, voltando a colocá-las na grande travessa. (Nota: quando os ovos batidos ficarem "aguados", jogar fora a mistura de claras e gemas restante e, em nova vasilha, recomeçar a bater dois ovos, como inicialmente.)

FINAL

Levar uma frigideira grande ao fogo, com manteiga suficiente para dourar (não fritar) as rabanadas da travessa, três ou quatro de cada vez, acrescentando, sempre que necessário, um pouquinho mais de manteiga. (Importante: dourar as rabanadas dos dois lados.) Assim prontas, jogá-las no prato de açúcar e canela, virando-as para que os dois lados se cubram da mistura e assim possam ser colocadas no prato de servir, de preferência redondo, para facilitar a sua arrumação.

Espero que gostem!

QUANTIDADE INDETERMINADA / 40 MINUTOS OU MAIS

bolo americano de chocolate

INGREDIENTES

BOLO
3 OVOS (separe as claras e as gemas)
1 pitada de SAL
½ xícara (chá) de MANTEIGA SEM SAL
1 ½ xícara (chá) de AÇÚCAR
1 colher (chá) de BICARBONATO DE SÓDIO
1 xícara (chá) de LEITE FRIO
1 xícara (chá) de CHOCOLATE MEIO AMARGO ralado
1 colher (chá) de ESSÊNCIA DE BAUNILHA
1 ¾ xícara (chá) de FARINHA DE TRIGO
ÓLEO e FARINHA DE TRIGO para untar e polvilhar

COBERTURA E RECHEIO
2 xícaras (chá) de AÇÚCAR MASCAVO
4 colheres (sopa) de CHOCOLATE EM PÓ
1 xícara (chá) de LEITE
2 colheres (sopa) de MANTEIGA SEM SAL
1 colher (chá) de ESSÊNCIA DE BAUNILHA

Esta é uma clássica receita de bolo de chocolate recheado, daqueles de comer de uma assentada — difícil parar antes de acabar. Com a doçura na medida certa, é um bolo bonito, perfeito.

OBSERVAÇÃO

Em dias de festa, a família Moraes utiliza duas receitas, assadas separadamente.

PREPARO

BOLO
1 Preaqueça o forno em temperatura média (180°C).
2 Bata as claras em ponto de neve, com uma pitada de sal. Reserve.
3 À parte, bata bem a manteiga com o açúcar até que fique macia. Junte as gemas e bata mais um pouco até obter um creme bem fofinho. Dissolva o bicarbonato em metade do leite frio e adicione-o à massa. Depois, dissolva o chocolate no restante do leite (agora levemente morno), acrescente a baunilha e misture à massa. Aos poucos, vá incorporando a farinha, mexendo até a massa ficar homogênea. Acrescente cuidadosamente as claras em neve, misturando bem devagar.
4 Despeje a massa em uma assadeira redonda, untada e polvilhada. Leve ao forno e asse por aproximadamente 40 minutos.

COBERTURA E RECHEIO
Coloque todos os ingredientes em uma panela e leve ao fogo para ferver até que, ao pingar algumas gotas em um pouco de água, a mistura fique com o aspecto de uma cera.

MONTAGEM
1 Retire o bolo do forno e deixe-o esfriar por cerca de 20 minutos. Desenforme ainda morno e deixe que esfrie por mais alguns minutos, de preferência em uma grade de bolo.
2 Com uma faca de serra, faça um leve corte longitudinal na lateral do bolo, marcando o centro. Corte um pedaço de fio dental grande o suficiente para contornar todo o bolo. Encaixe o fio dental na marca feita na lateral do bolo, dê um nó e vá puxando delicadamente as pontas para cortá-lo ao meio. Separe a metade de cima, espalhe metade do recheio na de baixo e junte-as novamente. Utilize o restante do recheio para cobrir o bolo.

6 PORÇÕES / 1 HORA

quadradinhos de chocolate

Esta sobremesa, que faz a alegria de crianças (e adultos), também pode acompanhar o café. Nem tão macios como um bolo nem tão sólidos como os *brownies*, os quadradinhos de chocolate podem ser servidos de várias maneiras: sem calda, com calda de chocolate ou como a imaginação sugerir.

INGREDIENTES

½ xícara (chá) de MANTEIGA
1 xícara (chá) de AÇÚCAR
2 quadrados (cerca de 60 g) de CHOCOLATE EM BARRA
⅞ de xícara (chá) de FARINHA DE TRIGO
½ colher (chá) de FERMENTO EM PÓ
1 colher (chá) de ESSÊNCIA DE BAUNILHA
1 xícara (chá) de NOZES (sem casca)
2 OVOS (as gemas e as claras separadas)
ÓLEO e FARINHA DE TRIGO para untar e polvilhar

PREPARO

1 Bata em creme a manteiga e o açúcar.
2 Adicione o chocolate derretido em banho-maria e, em seguida, a farinha peneirada junto com o fermento, mexendo cuidadosamente para incorporar os ingredientes.
3 Acrescente a baunilha e as nozes e misture.
4 Por fim, coloque as claras batidas em neve e as gemas bem batidas, misturando delicadamente com uma espátula para incorporá-las.
5 Despeje em uma assadeira untada e polvilhada e leve para assar por aproximadamente 20 minutos.
6 Cubra como desejar e corte em quadrados pequenos.

40 QUADRADINHOS / 45 MINUTOS

VINICIUS NA COZINHA

Vinicius de Moraes não só gostava de comer bem: despachado e bem-humorado, nada o impedia de frequentar a cozinha. Vestia o avental e ia à luta. A família atesta que era cuidadoso com a higiene e muito organizado. Miúcha revela que ele inventava técnicas estranhas, como descascar cenouras com palha de aço. Carlos Lyra acrescenta que fazia tudo rapidinho e no capricho.

Vinicius tinha prazer em cozinhar e servir os amigos, sempre na prática da arte de agradar e seduzir. E era fascinado por diminutivos. Na gramática do poeta, diminutivo é espontâneo, amoroso, familiar. Então, de sua cozinha saíam ovinhos, um macarrão com molhinho de tomate, um franguinho na cerveja. Sem falar que ele conseguia transformar receita em poema.

Poema publicado na *Nova antologia poética* (São Paulo: Companhia das Letras, 2008)

feijoada à minha moda

Amiga Helena Sangirardi
Conforme um dia eu prometi
Onde, confesso que esqueci
E embora — perdoe — tão tarde

(Melhor do que nunca!) este poeta
Segundo manda a boa ética
Envia-lhe a receita (poética)
De sua feijoada completa.

Em atenção ao adiantado
Da hora em que abrimos o olho
O feijão deve, já catado
Nos esperar, feliz, de molho.

E a cozinheira, por respeito
À nossa mestria na arte
Já deve ter tacado peito
E preparado e posto à parte

Os elementos componentes
De um saboroso refogado
Tais: cebolas, tomates, dentes
De alho — e o que mais for azado

Tudo picado desde cedo
De feição a sempre evitar
Qualquer contato mais... vulgar
Às nossas nobres mãos de aedo

Enquanto nós, a dar uns toques
No que não nos seja a contento
Vigiaremos o cozimento
Tomando o nosso uísque *on the rocks.*

Uma vez cozido o feijão
(Umas quatro horas, fogo médio)
Nós, bocejando o nosso tédio
Nos chegaremos ao fogão

E em elegante curvatura:
Um pé adiante e o braço às costas
Provaremos a rica negrura
Por onde devem boiar postas

De carne-seca suculenta
Gordos paios, nédio toucinho
(Nunca orelhas de bacorinho
Que a tornam em excesso opulenta!)

E — atenção! — segredo modesto
Mas meu, no tocante à feijoada:
Uma língua fresca pelada
Posta a cozer com todo o resto.

Feito o quê, retire-se caroço
Bastante, que bem amassado
Junta-se ao belo refogado
De modo a ter-se um molho grosso

Que vai de volta ao caldeirão
No qual o poeta, em bom agouro
Deve esparzir folhas de louro
Com um gesto clássico e pagão.

Inútil dizer que, entrementes
Em chama à parte desta liça
Devem fritar, todas contentes
Lindas rodelas de linguiça

Enquanto ao lado, em fogo brando
Desmilinguindo-se de gozo
Deve também se estar fritando
O torresminho delicioso

Em cuja gordura, de resto
(Melhor gordura nunca houve!)
Deve depois frigir a couve
Picada, em fogo alegre e presto.

Uma farofa? — tem seus dias...
Porém que seja na manteiga!
A laranja gelada, em fatias
(Seleta ou da Bahia) — e chega.

Só na última cozedura
Para levar à mesa, deixa-se
Cair um pouco da gordura
Da linguiça na iguaria — e mexa-se.

Que prazer mais um corpo pede
Após comido um tal feijão?
— Evidentemente uma rede
E um gato para passar a mão...

Dever cumprido. Nunca é vã
A palavra de um poeta... — jamais!
Abraça-a, em Brillat-Savarin
O seu Vinicius de Moraes.

Petrópolis, 1962

Eis aqui o prato símbolo da culinária brasileira. E numa autêntica receita de Vinicius de Moraes. Seguindo suas orientações, esta feijoada pede nada mais do que uma cachacinha para acompanhar, e o resto é boa prosa.

feijoada à minha moda

INGREDIENTES

600 g de CARNE-SECA
1 kg de FEIJÃO-PRETO
TORRESMINHO (3 a 4 receitas, veja p. 85)
3 CEBOLAS grandes picadas em cubos
6 dentes grandes de ALHO picados fino
1 TOMATE MADURO sem sementes picado em cubos
2 folhas de LOURO
400 g de LÍNGUA BOVINA FRESCA
400 g de CARNE DE PEITO BOVINO
400 g de PAIO DEFUMADO, cortado em rodelas de 1,5 cm, aproximadamente
600 g de LINGUIÇA CALABRESA DEFUMADA
12 LARANJAS geladas, em fatias
SAL e PIMENTA a gosto

PREPARO

1 De véspera, dessalgue a carne-seca, cate o feijão e coloque-o de molho em água fria.

2 Para começar, prepare os torresmos e reserve a gordura para refogar os temperos e a couve. Em parte dessa gordura, refogue a cebola, o alho e o tomate. Coloque o feijão para cozinhar nessa mesma panela, adicione as folhas de louro, a língua bovina fresca (sem pele) e o peito bovino em pedaços. Cubra com água e deixe cozinhar em fogo bem baixo com a panela semitampada. Na metade da cocção adicione a carne-seca. O paio deve ser acrescentado aproximadamente 30 minutos antes de servir, para que não se desmanche no caldo.
À parte, frite a linguiça em rodelas até que dourem e reserve a gordura da fritura.

3 Vá provando o feijão de tempos em tempos até que o perceba macio. Então, retire um punhado dos feijões com um pouco de caldo e amasse-o com o auxílio de um garfo, para obter uma pasta — se necessário, adicione mais caldo e leve essa pasta de volta à panela, mexendo até encorpar. Quando a feijoada estiver apurada, ajuste o sal, se necessário.

4 Sirva com a linguiça e o paio fritos, os torresmos, uma farofa simples frita na manteiga, couve refogada, rodelas geladas de laranja, molho de pimenta-malagueta e outras pimentas frescas.

12 PORÇÕES / 4 HORAS

ovinhos que ele preparava

Não é segredo que Vinicius adorava ovos (veja trecho
da crônica "Do amor aos bichos", p. 282). Para fazer
jus a esse gosto, foram selecionadas três receitas
de preparo rápido: ovo na concha, omelete de batata,
e ovos mexidos.

A omelete de batata é aparentada da *tortilla* espanhola
— uma ótima pedida para quando se está com pressa
ou com preguiça. Aliás, falando nisso, Vinicius achava
fantástico o preparo do ovo na concha (também chamado
de ovo pochê): como algo tão simples, tão rápido e sem
fazer nenhuma sujeira pode ser tão delicioso? Esta é a
receita mais rápida do livro — e talvez a mais rápida do
mundo. Por fim, a receita de ovos mexidos permanece
na família até hoje: o neto Pedro repete com muita
habilidade a que sua mãe, Tati, aprendeu com Vinicius.

ovo na concha
(pochê)

INGREDIENTES

500 ml de ÁGUA
2 colheres (sopa) de VINAGRE BRANCO
1 OVO
SAL a gosto

PREPARO

1 Numa panela pequena, leve a água para ferver. Enquanto isso, encaixe uma concha sobre um potinho pequeno para que fique de pé, despeje o vinagre e delicadamente quebre o ovo em cima, mantendo a gema inteira. Deixe tudo ali descansando, enquanto a água esquenta.
2 Quando começarem a surgir bolhinhas de fervura no fundo da panela, abaixe o fogo e mexa a água vigorosamente com uma colher, para que forme um redemoinho. Em seguida, coloque cuidadosamente o ovo da concha de uma só vez na água, girando a panela. Deixe que o ovo cozinhe por aproximadamente 2 minutos. Se quiser a gema mais firme, cozinhe por 4 minutos. Retire da água com o auxílio de uma escumadeira, tempere com sal e sirva imediatamente.

DICA
Para os menos habilidosos e aventureiros na arte culinária, aqui vai um conselho precioso: esqueça o vinagre da receita. Forre a concha com um pedaço grande de filme plástico (com cerca de 30 cm de extensão) e quebre o ovo sobre essa concha encapada. Depois disso, junte as extremidades do filme plástico, torça-as um pouco e enrole-as no cabo da concha. Mergulhe a concha na água fervente segurando por 2 a 4 minutos, de acordo com o ponto de cocção de sua preferência.

1 PORÇÃO / 5 MINUTOS

INGREDIENTES

1 BATATA pequena cortada em rodelas finas ou em cubos
3 OVOS
SAL e PIMENTA-DO-REINO a gosto
1 colher (sopa) de MANTEIGA
1 CEBOLA pequena picada bem miudinho

omelete de batata

PREPARO

1 Cozinhe levemente a batata em pouca água até ferver. Escorra e reserve.

2 Numa tigela em separado, bata ligeiramente os ovos e tempere com sal e pimenta.

3 Numa frigideira pequena (com aproximadamente 20 cm de diâmetro), derreta a manteiga e refogue a cebola até que murche. Abaixe o fogo.

4 Despeje os ovos na frigideira e distribua rapidamente a batata, cobrindo toda a área da frigideira. Cozinhe em fogo muito baixo, sem mexer, até que o fundo esteja firme e dourado. Vire a omelete deslizando-a da frigideira para um prato de mesa e colocando-a de volta na frigideira do outro lado, para que finalize a cocção. Sirva-a quente.

2 PORÇÕES / 15 MINUTOS

ovos mexidos

INGREDIENTES

4 OVOS
4 colheres (sopa) de LEITE
SAL a gosto
1 colher (sopa) rasa de MANTEIGA

PREPARO

1 Quebre os ovos em uma tigela funda e misture-os com leite e sal, batendo ligeiramente com o auxílio de um garfo.

2 Derreta ligeiramente a manteiga em uma frigideira rasa, porém não muito grande, girando-a sobre o fogo para que a manteiga se espalhe por toda a superfície.

3 Em seguida, abaixe o fogo e despeje os ovos, misturando delicadamente a começar pelas bordas, até formar grumos. Cozinhe até que fiquem firmes, porém úmidos.

2 PORÇÕES / 7 MINUTOS

linguicinha frita

Vinicius tinha um jeito cuidadoso de cozinhar: as linguiças que ele fritava eram uma beleza, mantinha o fogo baixinho e flambava-as no final. Inteiras ou em rodelas, finas ou grossas, defumadas ou não, as linguiças são versáteis. Podem ser servidas puras ou aceboladas. Também fazem bom papel como aperitivo ou refeição ligeira, acompanhadas, por exemplo, de pirão d'água. Para um prato completo, as linguiças podem enriquecer um caprichado tutu de feijão (veja p. 85).

INGREDIENTES

400 g de LINGUIÇA
1 fio de ÓLEO VEGETAL
2 doses de CACHAÇA

PREPARO

Fure toda a superfície da linguiça com um garfo. Aqueça uma frigideira grande em fogo alto, despeje um fio de óleo e frite a linguiça até que doure, por aproximadamente 5 minutos. Vire-a do outro lado e deixe fritar por mais 5 minutos. Quando estiver sequinha, jogue a cachaça e flambe.

2 PORÇÕES / 20 MINUTOS

pirão d'água

INGREDIENTES

4 colheres (sopa) de FARINHA DE MANDIOCA
1 xícara (chá) de ÁGUA FERVENTE

PREPARO

Disponha a farinha em um prato fundo, espalhando-a de modo que cubra o seu fundo. Despeje água fervente às colheradas, misturando bem e acrescentando mais água aos poucos, até atingir consistência de mingau. Sirva como acompanhamento da linguiça. Não é necessário acrescentar sal.

Este é um prato simples, que sempre agrada, feito com tomates frescos e, de preferência, com ervas como salsinha e manjericão, recém-colhidas. Vinicius costumava preparar este macarrão para os filhos, quando morava em Los Angeles.

macarrão
com molhinho de tomates

INGREDIENTES

⅔ de um pacote de 500 g de ESPAGUETE
5 TOMATES
1 ½ colher (sopa) de MANTEIGA ou azeite de oliva
1 CEBOLA pequena picada bem miudinho
SAL e PIMENTA a gosto
ramos de ERVAS FRESCAS (salsinha ou manjericão)
QUEIJO PARMESÃO ralado para servir

PREPARO

1 Coloque bastante água em uma panela grande para cozinhar o macarrão.
2 Quando a água estiver fervendo, aproveite para pelar os tomates, fazendo um "x" com a ponta da faca na extremidade oposta ao caule. Mergulhe os tomates na água, um a um, deixe por 30 segundos e retire-os com o auxílio de uma escumadeira. Mergulhe-os em água fria e retire a pele rapidamente.
3 Quando terminar o processo, salgue a água fervente e acrescente o macarrão, deixando-o cozinhar conforme o tempo indicado na embalagem, ou no ponto de sua preferência.
4 Em uma panela separada, aqueça ½ colher (sopa) da manteiga e refogue a cebola até que murche. Enquanto as cebolas murcham, pique grosseiramente os tomates e junte-os à cebola, com sementes e tudo, mexendo até que desmanchem. Tempere com sal e pimenta, cozinhe por aproximadamente 3 minutos e, se necessário, despeje três ou quatro conchas da água do macarrão no molho, para que ele não seque.
5 Escorra o macarrão, passe-o na manteiga restante e sirva com o molho, ervas frescas e queijo ralado para acompanhar.

4 PORÇÕES / 30 MINUTOS

encararemos – um macarrãozinho

INGREDIENTES

1 colher (sopa) de AZEITE DE OLIVA

150 g de LINGUIÇA CALABRESA DEFUMADA picada em cubinhos

2 CEBOLAS grandes picadas bem miudinho

2 dentes de ALHO picados

500 g de CARNE MOÍDA (coxão mole, patinho ou acém)

SAL e PIMENTA a gosto

1 pacote de 500 g de MACARRÃO TIPO PARAFUSO ou fusilli

2 colheres (sopa) de EXTRATO DE TOMATE

6 TOMATES picados (na receita original, com pele e sementes)

3 colheres (sopa) de AZEITONAS

1 colher (sopa) de AZEITE DE OLIVA para regar o macarrão depois de cozido

3 OVOS COZIDOS picados

QUEIJO PARMESÃO ralado para servir

CHEIRO-VERDE picado a gosto para servir

Esta não é exatamente uma receita de Vinicius, mas foi preparada em sua cozinha entre amigos, e o episódio diz muito a respeito do espírito da casa do poeta. A cena é a seguinte: Vinicius dorme profundamente no sofá, enquanto o pessoal se diverte, conversa alto, canta e toca violão. A filha, Susana, aproxima-se de Vinicius, faz um cafuné para acordá-lo devagar e diz com carinho: "Pai, está rolando um macarrãozinho na cozinha. Você não vem comer?". Vinicius, meio tonto de sono, desperta e responde: "Encararemos!".

O macarrão no estilo "encararemos" é sempre feito com o que está à mão. Típico de ocasiões em que os amigos vão chegando aos poucos e, quando se percebe, a casa está cheia e a mesa vazia. Aqui está, então, uma versão de um entre tantos "encararemos" da vida de Vinicius.

PREPARO

1 Leve uma panela ao fogo médio, aqueça o azeite e doure a linguiça. Em seguida, acrescente a cebola e cozinhe até que murche. Junte o alho e a carne moída e tempere com sal e pimenta. Enquanto a carne cozinha, mexa-a com um garfo para que fique bem soltinha, até secar.

2 À parte, em uma panela grande, leve a água do macarrão para ferver com um punhado de sal. Despeje o pacote de macarrão na água fervente e deixe-o cozinhar conforme o tempo indicado na embalagem.

3 Volte ao molho e adicione o extrato de tomate, mexendo por mais alguns minutos. Acrescente então os tomates frescos, as azeitonas picadas e 2 xícaras (chá) da água do cozimento do macarrão. Deixe ferver em fogo baixo.

4 Quando o macarrão estiver al dente, retire mais 1 xícara (chá) de sua água e reserve. Depois escorra a água da panela e despeje o macarrão em uma travessa refratária grande. Regue com mais um pouco de azeite de oliva e misture delicadamente.

5 Despeje o molho por cima e, se necessário, adicione a água do cozimento do macarrão reservada. Polvilhe tudo com os ovos cozidos e um pouco de queijo ralado e de cheiro-verde.

6 Leve o refratário ao forno médio preaquecido e deixe por alguns minutos, para que o molho se incorpore à massa. Sirva acompanhado de queijo ralado.

6 PORÇÕES / 45 MINUTOS

sopinha de feijão
com macarrão de letrinhas

receita preparada pela chef Janaína Rueda

INGREDIENTES

1 xícara (250 g) de FEIJÃO-ROSINHA novo
1 folha de LOURO
2 colheres (sopa) de AZEITE DE OLIVA
4 colheres (sopa) de CEBOLA picada
2 colheres (chá) de ALHO picado
SAL
100 g de CARNE MOÍDA
PIMENTA-DO-REINO
½ xícara de MACARRÃO DE LETRINHAS
SALSINHA picada a gosto

PREPARO

1 Escolha e lave o feijão. Coloque-o em uma panela de pressão com a folha de louro e 1 litro de água e deixe cozinhar por 25 minutos.

2 Em uma frigideira, coloque metade do azeite e dos temperos e sal a gosto, refogue e junte ao feijão cozido.

3 Deixe esfriar um pouco, retire a folha de louro e despeje em um liquidificador para processar até virar um caldo. Se estiver muito grosso, acrescente mais água ou caldo.

4 Em uma panela aquecida, acrescente o restante do azeite e a carne moída e tempere com sal e pimenta-do-reino, refogando por 1 minuto. Adicione a metade restante dos temperos, da cebola e do alho, e refogue por mais 3 minutos.

5 Junte o caldo de feijão e deixe levantar fervura. Adicione o macarrão de letrinhas e, se necessário, um caldo de legumes. Cozinhe por mais 4 minutos e sirva em uma sopeira ou prato fundo com um pouco de azeite e salsinha picada.

2 PORÇÕES / 45 MINUTOS

picadinho

Carlos Lyra diz que Vinicius fazia um picadinho como ninguém, na maioria das vezes com milho-verde. Mas em ocasiões especiais ele usava champignons, para dar um toque de requinte. Nos cadernos da família há outra versão da receita — batizada de "Luiz Inácio" — em que, além dos champignons, o picadinho leva ainda duas colheres de uvas-passas.

INGREDIENTES

400 g de FILÉ MIGNON ou miolo de alcatra limpo (sem gordura)
SAL e PIMENTA a gosto
2 colheres (sopa) de MANTEIGA
½ copo de CONHAQUE ou vinho madeira
1 xícara (chá) de CALDO DE CARNE ou molho demi-glace
1 colher (café) de MOLHO INGLÊS
100 g de CHAMPIGNONS EM CONSERVA ou milho-verde

PREPARO

1 Corte a carne em pedaços bem pequenos, com a faca. Tempere com sal e pimenta.

2 Aqueça bem uma frigideira funda e derreta nela ½ colher (sopa) da manteiga. Frite uma quarta parte da carne, retire-a da panela e reserve em um refratário aquecido. Derreta mais ½ colher (sopa) da manteiga e repita o procedimento até terminar de dourar toda a carne.

3 Coloque a carne frita de volta na panela, reservando o seu suco. Retire a panela do fogo e despeje o conhaque, inclinando-a cuidadosamente próximo à chama para pegar fogo e flambar a carne. Adicione o suco que saiu da carne, acrescente o caldo de carne (ou o molho demi-glace), o molho inglês e os champignons (ou o milho-verde). Deixe ferver por alguns minutos para apurar o molho.

4 Sirva com arroz branco ou acompanhado de uma farofinha na manteiga.

2 PORÇÕES / 45 MINUTOS

INGREDIENTES

1 FRANGUINHO DE LEITE de aproximadamente 800 g
1 LIMÃO
ERVAS FRESCAS de sua preferência picadas
    (cheiro-verde, alecrim ou sálvia)
SAL a gosto
1 colher (sopa) de MANTEIGA
1 CEBOLA pequena inteira
ramos das mesmas ERVAS FRESCAS (cheiro-verde,
    alecrim ou sálvia) para rechear a cavidade interna
1 lata de CERVEJA

franguinho na cerveja

É possível entender o amor de Vinicius pela culinária quando se analisam os pratos que ele gostava de preparar. Este, por exemplo, exige um cozinheiro dedicado e diligente, que vá aos poucos regando o frango enquanto assa — a textura da carne, no final do cozimento na cerveja, fica perfeita.

Vinicius gostava de cozinhar e bater papo no lugar mais aconchegante da casa: a cozinha. Toquinho se lembra deste prato com emoção. Foi o último da vida do poeta, que o preparou com cuidado na companhia do amigo de longa data, ambos sentados à mesa da cozinha, trocando ideias.

PREPARO

1 Preaqueça o forno em temperatura média (180°C).
2 Lave bem o frango, esfregue-o com o limão, depois com as ervas picadas, e tempere com sal.
3 Espalhe a manteiga em toda a sua superfície e coloque a cebola inteira e os ramos de ervas dentro da cavidade interna do frango. Acomode-o em uma assadeira e regue com um pouco da cerveja.
4 Leve ao forno para assar. A cada 15 minutos, regue novamente com cerveja. Repita a operação durante todo o tempo de cocção — dependendo do tamanho da ave, leva de 40 minutos a 1 hora.

2 PORÇÕES / 1 HORA

receitas de rua
eu não ando só, só ando em boa companhia

Trecho do "Samba da bênção"

Eu, por exemplo, o capitão do mato
Vinicius de Moraes
Poeta e diplomata
O branco mais preto do Brasil
Na linha direta de Xangô, saravá!
A bênção, Senhora
A maior ialorixá da Bahia
Terra de Caymmi e João Gilberto
A bênção, Pixinguinha
Tu que choraste na flauta
Todas as minhas mágoas de amor
A bênção, Cartola, a bênção, Sinhô
A bênção, Ismael Silva
Sua bênção, Heitor dos Prazeres
A bênção, Nelson Cavaquinho
A bênção, Geraldo Pereira
A bênção, meu bom Cyro Monteiro
Você, sobrinho de Nonô
A bênção, Noel, sua bênção, Ary
A bênção, todos os grandes
Sambistas do Brasil
Branco, preto, mulato
Lindo como a pele macia de Oxum
A bênção, maestro Antonio Carlos Jobim
Parceiro e amigo querido
Que já viajaste tantas canções comigo
E ainda há tantas por viajar
A bênção, Carlinhos Lyra
Parceiro cem por cento
Você que une a ação ao sentimento
E ao pensamento

[...]

A bênção, a bênção, Baden Powell
Amigo novo, parceiro novo
Que fizeste este samba comigo
A bênção, amigo
A bênção, maestro Moacir Santos
Não és um só, és tantos como
O meu Brasil de todos os santos
Inclusive meu São Sebastião
Saravá! A bênção, que eu vou partir
Eu vou ter que dizer adeus.

"Eu não ando só. Só ando em boa companhia. Com meu violão. Minha canção e a poesia." Os versos da canção "Para viver um grande amor" dizem muito sobre Vinicius de Moraes. Diplomata, compositor, poeta, teve por morada muitos lugares, sempre andando pelo mundo, trazendo consigo tantos amores e histórias. E inúmeros amigos, muitas vezes ilustres, estes apelidados de parceirinhos e sempre festejados.

Nesta parte, são apresentados alguns lugares onde Vinicius esteve. A cidade em que nasceu, o Rio de Janeiro; estados brasileiros em que viveu, Minas Gerais e Bahia; os postos em que trabalhou como diplomata, Los Angeles e Paris; países onde esteve em turnê, Itália, Portugal, Argentina e Uruguai.

Aqui se privilegiam a comida de rua, os bons restaurantes tradicionais, as diferentes culturas gastronômicas, os encontros, a poesia e o violão.

Vinicius dividiu a mesa e a poesia com importantes artistas brasileiros. Poetas como João Cabral de Melo Neto, Manuel Bandeira, Ferreira Gullar e Pablo Neruda, atrizes como Tônia Carrero e arquitetos como Oscar Niemeyer. Entre romancistas, cronistas e jornalistas, era amigo de Jorge Amado, Paulo Mendes Campos, Fernando Sabino, Lygia Fagundes Telles, Hilda Hilst, Otto Lara Resende, Jaime Ovalle e Lúcio Rangel. No meio musical, conviveu com Tom Jobim, Pixinguinha, Baden Powell, Maria Bethânia, Chico Buarque, Dorival Caymmi, Toquinho, Nara Leão, Francis Hime, Miúcha, Maria Creusa, Marilia Medalha, Clara Nunes e muita gente mais, de preferência em torno de uma mesa generosa, como as boas amizades.

SÃO SEBASTIÃO DO RIO DE JANEIRO

Vinicius de Moraes não era só carioca: era nascido, virado e revirado na sua aclamada São Sebastião do Rio de Janeiro, sendo difícil encontrar momento em que não aproveitasse para fazer homenagem à cidade musa, ao mar, aos morros, à gente toda. A carioquice de Vinicius era esse eterno retorno para casa, "gostar de estar sempre chegando e não querer nunca ir embora".

Desfia um rosário de bairros, ruas, lugarzinhos amados, onde encontrou o amor, o desamor, as muitas idades, os tantos versos, as inúmeras canções. Gávea, Botafogo, Centro, Copacabana, Ipanema, Lapa, Laranjeiras, Leblon, Tijuca são cidadanias, evocações, cada uma com seu tempero e sua personalidade.

Aqui, foram escolhidas receitas de restaurantes que Vinicius frequentava. Como é impossível relacionar tudo, esses pratos valem como um recorte de suas andanças, do trivial ao requintado.

"Os que se lembram com saudade da velha Rotisserie da Rua Gonçalves Dias, os que recordam de olhos úmidos o grande areal que era o Leblon, os que evocam com nostalgia os ventriloquismos do velho Batista Júnior no Cinema Central."
Trecho do *Roteiro lírico e sentimental da cidade do Rio de Janeiro*
(São Paulo: Companhia das Letras, 1992)

"E agora falarei da orla atlântica, de Copacabana, Ipanema e Leblon, bairros onde vivi e onde hoje vivo na minha vida eternamente em transe e trânsito. Neles fui feliz e infeliz, neles amei e fui amado, neles me perdi e me encontrei."
Trecho do *Roteiro lírico e sentimental da cidade do Rio de Janeiro*

Moça do corpo dourado
Do sol de Ipanema
O seu balançado é mais que um poema
É a coisa mais linda que eu já vi passar
Trecho da letra de "Garota de Ipanema"

arroz de pato do antiquarius

INGREDIENTES

1 PATO inteiro
1 CEBOLA picada
1 maço de SALSA picada
2 cabeças de ALHO
500 ml de CALDO DE CARNE
SAL a gosto
MOLHO INGLÊS a gosto
300 g de PAIO cortado em rodelas
1 colher (sopa) de ÓLEO VEGETAL
400 g de ARROZ
50 g de AZEITONAS sem caroço

O restaurante Antiquarius
foi inaugurado no fim
dos anos 1970, no Leblon,
reproduzindo a Pousada
Santa Luzia, em Portugal.
Local requintado, com
ares de fidalguia, muito
frequentado por Vinicius.
Esta receita foi criada
no próprio restaurante.

PREPARO

1 Corte o pato em pedaços, coloque-o em uma panela e cozinhe com a cebola, a salsa, o alho e o caldo de carne. Tempere com sal e um pouquinho de molho inglês e deixe cozinhar até que a carne comece a se soltar dos ossos. Depois retire os pedaços de pato, reserve o caldo e desfie a carne.
2 Separadamente, frite o paio em um pouco de óleo até que fique bem douradinho. Reserve.
3 Prepare o arroz com o caldo do pato e, ao final do preparo, misture a carne de pato desfiada, o paio e as azeitonas. Sirva imediatamente.

4 PORÇÕES / APROXIMADAMENTE 2 HORAS

estrogonofe triste

A Polonesa é um restaurante de tradição no Rio. Aberto desde 1948, fica no térreo de um prédio na rua Hilário de Gouveia, em Copacabana, e serve um estrogonofe famoso. O salão antigo e comprido tem piso de cerâmica em tons de ocre, móveis de madeira escura e iluminação indireta. As mesas são cobertas com toalha branca e cobre-manchas avermelhados, e nas paredes veem-se muitos quadros antigos da Polônia. Provavelmente, essa atmosfera sóbria inspirou a frase que se tornaria uma das bem-humoradas marcas da relação entre Vinicius e o cronista Antonio Maria: "Vamos comer o estrogonofe triste?". Era a senha para que ambos pegassem as filhas e fossem à Polonesa.

O "triste" era só piada mesmo. Russo, garçom antigo da casa, diz que Vinicius adorava diversos outros pratos do restaurante, a exemplo do *borscht* (sopa de beterrabas adocicada guarnecida de creme azedo) e do suflê de chocolate (literalmente, servido em chamas!). Para beber, era obrigatória a vodca Zubrowka, muito gelada, com textura licorosa.

INGREDIENTES

1 colher (sopa) de MANTEIGA
1 xícara (chá) de CEBOLA picada
6 TOMATES inteiros
100 g de CHAMPIGNONS em conserva
250 g de CREME DE LEITE FRESCO
SAL e PIMENTA-DO-REINO a gosto
400 g de FILÉ MIGNON cortado em tirinhas
1 colher (chá) de SHOYU
1 colher (sopa) de AMIDO DE MILHO

PREPARO

1 Em uma panela de fundo grosso, derreta metade da manteiga e frite a cebola até que murche. Junte os tomates e deixe cozinhar até que desmanchem.
2 Leve ao liquidificador e bata até que fique homogêneo. Depois passe em uma peneira fina para retirar a pele e as sementes dos tomates.
3 Coloque novamente na panela e deixe ferver até reduzir um terço do líquido (aproximadamente 20 minutos). Adicione os champignons, o creme de leite e tempere com sal e pimenta.
4 À parte, tempere a carne com um pouco de sal, pimenta e o shoyu. Por último, adicione o amido de milho. Em uma frigideira, derreta a manteiga restante e doure ligeiramente as tiras de carne (não muito).
5 Acrescente a carne ao molho da panela, leve ao fogo baixo e mexa até engrossar, sem ferver.
6 Sirva imediatamente, acompanhado de arroz branco bem soltinho e batatas coradas na manteiga, polvilhadas com salsinha picada.

2 PORÇÕES / 40 MINUTOS

filezinho de frango grelhado e seus cremes

INGREDIENTES

1 PEITO DE FRANGO em filés
suco de ½ LIMÃO
1 dente de ALHO picado
2 colheres (sopa) de AZEITE DE OLIVA ou óleo vegetal
SAL e PIMENTA a gosto

PREPARO

1 Tempere os filés de frango com os demais ingredientes e deixe marinar enquanto prepara um dos cremes.
2 Grelhe-os em uma frigideira antiaderente, dourando de ambos os lados — o segredo é não mexer enquanto eles douram.

2 PORÇÕES / 40 MINUTOS

Filé de frango com creme de espinafre ou creme de milho talvez fosse o prato mais "verde" que Vinicius comia, considerando sua notória aversão a saladas de qualquer tipo. O poeta adorava as versões servidas no Antonio's, um dos grandes redutos da boemia e da intelectualidade carioca nos anos 1960 e 1970, sob o comando do folclórico *maître* Zé Fernandes. Situado no Leblon, o restaurante acabou sendo fechado no fim do século passado.

creme de milho

INGREDIENTES

2 colheres (sopa) de MANTEIGA
1 CEBOLA pequena picada bem miudinho
1 colher (sopa) bem cheia de FARINHA DE TRIGO
2 ½ xícaras (chá) de LEITE
1 lata de MILHO-VERDE em conserva
1 colher (chá) rasa de AÇÚCAR
SAL e NOZ-MOSCADA ralada na hora a gosto

PREPARO

1 Derreta a manteiga em uma panela em fogo baixo. Refogue a cebola até que murche e então junte a farinha, misturando-a até que doure ligeiramente.
2 Acrescente o leite aos poucos, misturando sempre, para fazer um molho branco (bechamel).
3 Depois que ferver e engrossar, adicione o milho-verde, o açúcar e misture bem. Tempere com sal e noz-moscada.

DICA
Se o molho bechamel empelotar,
leve-o ao liquidificador e bata levemente para que fique liso e homogêneo.
Se preferir, bata junto metade do milho, para obter um creme mais consistente (cuidado apenas para não bater o molho muito quente no liquidificador).

6 PORÇÕES / 40 MINUTOS

creme de espinafre

INGREDIENTES

2 colheres (sopa) de MANTEIGA
1 CEBOLA pequena picada
1 colher (sopa) bem cheia de FARINHA DE TRIGO
1 maço de ESPINAFRE fresco
(ou 200 g de espinafre congelado)
2 xícaras (chá) de LEITE
1 colher (chá) rasa de AÇÚCAR
SAL e PIMENTA-DO-REINO a gosto

PREPARO

1 Derreta a manteiga em uma panela em fogo baixo. Refogue a cebola até que murche e junte a farinha, misturando-a bem até que doure ligeiramente.
2 Adicione o espinafre, misture bem e acrescente o leite aos poucos, mexendo sempre até que se incorpore aos demais ingredientes. Deixe ferver por cerca de 5 minutos, mexendo até formar um molho cremoso e engrossar. Junte o açúcar e tempere com sal e pimenta-do-reino.
3 Leve ao liquidificador e bata levemente para obter um creme mais consistente e liso (cuidado apenas para não bater o molho muito quente no liquidificador).

6 PORÇÕES / 40 MINUTOS

massa com funghi, sem creme

receita preparada pela chef Daniela França Pinto

INGREDIENTES

300 g de PENNE DE GRANO DURO
2 TOMATES maduros
1 fio generoso de AZEITE DE OLIVA
folhas de 1 ramo de ALECRIM fresco, picadas
SAL e PIMENTA a gosto

MOLHO
60 g de COGUMELOS-DE-PARIS
60 g de SHIITAKE
60 g de SHIMEJI
3 LIMÕES-TAITI
40 ml de AZEITE DE OLIVA
2 dentes de ALHO bem picados
1 g de GENGIBRE fresco ralado
SAL a gosto
PIMENTA moída na hora a gosto
½ maço de SALSINHA picada
1 ramo de MANJERICÃO fresco picado
½ maço de AGRIÃO BABY
1 fio de AZEITE TRUFADO (opcional)

PREPARO

1 Preaqueça o forno em temperatura alta (220°C).

2 Comece preparando os tomates, demi-sechées. Corte os tomates ao meio e coloque-os em uma assadeira. Regue-os com um pouco de azeite e polvilhe com sal, pimenta e o alecrim picado.

3 Leve ao forno por aproximadamente 20 minutos ou até que murchem. Reserve.

4 Corte os cogumelos finamente, de maneira bem irregular, e reserve.

5 Com o auxílio de um ralador, retire as raspas da casca de 2 limões e esprema o suco de 1 limão. Reserve.

6 À parte, em uma panela grande, leve ao fogo bastante água e um punhado de sal para ferver. Acrescente o macarrão na água fervente e deixe-o cozinhar conforme o tempo indicado na embalagem. Quando estiver cozido al dente, escorra a água e regue-o com um fio de azeite.

7 Em uma frigideira grande, coloque o azeite. Leve ao fogo baixo e, antes que esquente, adicione o alho picado e o gengibre ralado. Deixe alourar, mas sem escurecer demais.

8 Acrescente os cogumelos e aumente o fogo. Deixe refogar, sem mexer, até que os cogumelos comecem a pegar no fundo da frigideira. Então pingue um pouco do suco de limão e misture. Repita esse processo até que os cogumelos estejam bem desidratados e dourados, e então tempere-os com sal e pimenta.

9 Junte ao macarrão os cogumelos e adicione as ervas frescas. Quando desligar o fogo, acrescente o agrião, as raspas de limão e finalize com os tomates demi-séchées e um fio de azeite trufado.

2 PORÇÕES / 40 MINUTOS

Quando não podia mais ingerir pratos pesados, Vinicius ia aos restaurantes e pedia receitas "à minha moda". No caso das massas, explicava ao cozinheiro que o molho não deveria levar creme. Para se aproximar dos pedidos que o poeta fazia, a chef Daniela França Pinto criou este *penne* com *funghi* "à moda de Vinicius", que fica bem leve, com um aroma incrível e um sabor maravilhoso.

Poema publicado em *História natural de Pablo Neruda — A elegia que vem de longe* (São Paulo: Companhia das Letras, 2006)

primeira viagem ao brasil

no Rio
Comíamos camarões.
"— *Todos a los camarones.*" — tu dizias, e os amavas
Torrados no azeite e regados a vinho branco
De preferência chileno ("*Mejor*
Que los franceses!") e bem gelado
De maneira a mesclar
O buquê de duas pátrias. Íamos aos restaurantes
Do velho Mercado com os amigos.
Íamos ao Rio-Minho, ao Antero, onde a garopa
Te contava: "—... vim do mar/ para o vosso paladar."
Íamos a Furna da Onça tomar "coquinho", calibrar-nos
Para as celebrações noturnas, para as musas
Para os poemas, para as discussões serenas
Para os ritos da amizade, apenas
Nascida, ancha, acontecida
Na revolta e na constatação dos graus
Da infâmia, na contestação de Deus e Midas
Tecendo caprichosas redes dialéticas
Onde pudessem dormir os simples
Os rotos, os clochardos.
E comíamos frutos do mar
Com batidas, com chope, com carinho
Fraterno, a suar ao Sol intenso
De Copacabana em meio a seios, olhos, nádegas
Criando templos pagãos para matar o tempo
Penetrando antes do ácido e do pico
As regiões roxazuis do amor imenso
O astral universal regido pelas leis de
Engels-Marx-Lenine, amávamos felizes
A vida natural sem os silêncios
Da mais-valia, nós éramos poesia
Poesia, poesia e só poesia
Em nossas mãos, em nossos olhos, em nossos corações
Em nossos fígados, em nosso sexo e até em nossa vã melancolia.
E comíamos camarões. "— *Todos a los camarones!*" — tu dizias.
E nós íamos.

todos a los camarones (camarões à provençal)

receita preparada pelo chef Luiz Emanuel

INGREDIENTES

4 colheres (sopa) de MANTEIGA SEM SAL
2 colheres (sopa) de AZEITE DE OLIVA extra virgem
12 CAMARÕES grandes limpos e sem casca
3 colheres (sopa) de ALHO picado bem miudinho
1 xícara (café) de SUCO DE LIMÃO
1 xícara (café) de CONHAQUE
2 TOMATES médios sem pele e sem sementes picados
4 colheres (sopa) de SALSINHA fresca picada
SAL e PIMENTA-DO-REINO a gosto
1 pitada de ORÉGANO

PREPARO

1 Leve ao fogo uma frigideira de fundo grosso para aquecer. Coloque a manteiga juntamente com o azeite, para não queimar. Depois, acrescente os camarões, sacudindo cuidadosamente a frigideira por cerca de 3 minutos para fazê-los dançar até ficarem rosados de ambos os lados.
2 Adicione o alho, deixe que doure levemente e acrescente o suco de limão. Então despeje o conhaque e incline a borda da frigideira em direção à chama, para que flambe. Depois disso, desligue o fogo.
3 Em uma tigela, junte os tomates picados com a salsinha. Tempere com sal, pimenta e orégano, misture bem e salpique por cima dos camarões.
4 Sirva imediatamente.

DICA

Prepare os camarões somente quando os tomates estiverem quase prontos.

Ao apresentar o Rio de Janeiro a Pablo Neruda, Vinicius de Moraes levou o poeta chileno para comer camarões. Nesta receita de camarões à provençal, o fruto do mar, sinônimo de praia, vida boa e ensolarada, é frito no azeite e na manteiga e acompanhado de tomates recheados.

2 PORÇÕES / 15 MINUTOS

tomates recheados

INGREDIENTES

2 TOMATES grandes, maduros
1 fio de AZEITE de oliva
SAL e PIMENTA-DO-REINO moída na hora a gosto

RECHEIO
1 xícara (chá) de ARROZ BRANCO COZIDO
1 colher (sopa) de CHAMPIGNONS picados bem miudinho
1 colher (sopa) de UVAS-PASSAS picadas bem miudinho
1 colher (sopa) de SALSINHA picada bem miudinho
SAL e PIMENTA-DO-REINO moída na hora a gosto
1 fio de AZEITE DE OLIVA

PREPARO

1 Preaqueça o forno em temperatura baixa (150°C).
2 Corte os tomates na parte superior para formar uma tampa e retire todo o miolo e as sementes com cuidado. Tempere com azeite, sal e pimenta-do-reino moída. Reserve.
3 Em uma vasilha, prepare o recheio, misturando o arroz branco cozido com os demais ingredientes.
4 Com o auxílio de uma colher, coloque o recheio dentro dos tomates. Feche os tomates com a tampa e disponha-os em uma assadeira untada com azeite. Leve ao forno e asse por cerca de 30 minutos.
5 Sirva como acompanhamento dos camarões à provençal.

2 PORÇÕES / 40 MINUTOS

A boemia, a vida airada. Fazer o mundo girar em torno de petiscos, copos e amigos falando alto. Ter súbitas ideias geniais, que serão completamente esquecidas no dia seguinte e relembradas aos brados em outra noitada. Colocar na mesa as histórias mais fenomenais e incríveis. Conhecer pessoas apaixonantes. Rever rostos queridos. Reclamar da vida e do desamor. Dar risada da vergonha. Festejar os fracassos. Brindar à amizade, à saúde, ao estar vivo. Vinicius era mestre na arte de desfrutar a vida, a cidade e os amigos em torno de uma mesa de bar. Eternizou em sambas, poemas e parcerias esses momentos tão caros.

Além da bebida, geralmente cerveja, uísque e cachaça, nesses lugares se serviam alguns "belisquetes". Porções simples, com bons ingredientes, como salaminho fatiado, queijos, tremoços e azeitonas. Às vezes, uma porção de bolinhos, pastéis, batata ou mandioca frita.

Alguns dos acontecimentos da carreira de Vinicius se devem a esses momentos de encontro. No Villarino, Lúcio Rangel apresentou-lhe Tom Jobim, e João Gilberto também passava por lá. No Gouveia, Pixinguinha, já sexagenário, tinha cadeira cativa. No Antonio's encontrou Paulo Mendes Campos. Nas mesas do então Veloso foi composta "Garota de Ipanema", e a música acabou se tornando o nome do bar. A lista de nomes e fatos parece não ter fim. É o Vermelhinho, ao lado do Amarelinho. O Marius. O Lamas. O bar Luiz. O Degrau. A churrascaria Carretão. E tantos outros. Como o Margarida's, de Petrópolis, que até ganhou um poema "pelos seus bons pratos, pelos seus bons tratos".

A BOEMIA CARIOCA

"São os anos das longas noitadas nas mesas do bar Villarino, na esquina da Presidente Wilson com a Graça Aranha. Também chamado de República do Villarino, ou ainda de Terceira República — o bar Esplanada seria a primeira e o Vermelhinho, a segunda, de acordo com uma classificação estabelecida por Ary Barroso."

Trecho de *O poeta da paixão*, de José Castello (São Paulo: Companhia das Letras, 2002)

filé à moda

Fundado no final do século XIX, o restaurante Café Lamas era um dos únicos estabelecimentos abertos 24 horas no Rio de Janeiro. Por esse motivo, Vinicius e muitos outros músicos frequentavam o local, que até hoje se mantém como ponto de encontro de intelectuais, políticos, escritores e expoentes das artes.

Para este prato, deve-se escolher um filé alto, que será grelhado, servido com batatas coradas e guarnecido de presunto, cebola e ervilha (em muitos locais do Rio ainda conhecidas por seu nome em francês, *petit-pois*). A sugestão é do chef Bartolomeu Miranda da Silva, há 25 anos no comando da cozinha do Lamas.

INGREDIENTES

600 g de FILÉ MIGNON cortado em 2 filés
SAL e PIMENTA-DO-REINO BRANCA moída
   na hora a gosto
ÓLEO VEGETAL para fritar (aproximadamente
   1 xícara de chá)
8 BATATAS cortadas em 4
1 colher (sopa) de MANTEIGA
1 CEBOLA cortada em meias-luas
1 PIMENTÃO VERDE picado em tiras
1 xícara (chá) de PRESUNTO picado
6 colheres (sopa) de ERVILHAS congeladas
2 TOMATES sem sementes picados em cubos
2 OVOS

PREPARO

1 Tempere os filés com sal e pimenta. Aqueça metade do óleo em uma frigideira de fundo grosso, em fogo muito alto, e grelhe os filés. Retire-os da frigideira e reserve em uma travessa, em forno morno (para não esfriar).
2 Cozinhe as batatas em água salgada e escorra bem. Doure-as na mesma frigideira em que preparou os filés, em óleo quente. Retire as batatas da frigideira e reserve.
3 Limpe os resíduos da frigideira, coloque a manteiga e refogue a cebola, o pimentão e o presunto até que dourem levemente. Adicione as ervilhas e os tomates, mexendo ligeiramente até aquecer. Tempere com sal e pimenta e reserve. Frite os ovos à parte.
4 Em uma travessa, coloque as batatas coradas e cubra com a guarnição de legumes. Disponha os filés ao lado, cobertos com os ovos fritos. Sirva com arroz branco.

2 PORÇÕES / 30 MINUTOS

Trecho de crônica publicada no *Correio da Manhã* (Rio de Janeiro, 1940)

encontros

O poeta louco Jayme Ovalle, ou melhor, "o místico", como o chamou Manuel Bandeira, foi na minha vida um encontro de que não me esqueço. Conheci-o três dias depois de sua chegada da Europa, em casa de Schmidt. Tinha uma curiosidade enorme em vê-lo. Soube que andava fechado, não querendo receber ninguém, sofrendo as agruras da dor-sem-nome, roído de saudade da Inglaterra. Mas combinei uma tramoia com Schmidt e fui, com um ar de quem não quer. Encontrei o poeta no meio da sua garrafa de uísque, rodeado pelo grupo familial atento e respeitoso. Seu monóculo me recebeu mal, enquanto seu olho de águia me considerava com ar pouco amigável. Calei-me e fiquei quietinho, espiando passear o gênio.

Passado um tempo Ovalle sentou-se. Todos se voltaram para ele. Alguma coisa ia suceder. Mas ele limitou-se a falar fanhosamente para Schmidt: "Põe um Bachzinho aí na vitrola pra mim, põe?".

Só então se virou para o meu lado. Ficou me olhando um pouco, eu gelado mas firme, sorrindo um riso covarde. Ao fim de um tempo sorriu também.

— Ele é muito bonzinho — disse, apontando-me com o dedo. — Ele é tão bonzinho que um dia... que um dia ele é capaz de sair correndo assim, compreende, sair correndo assim, e aí...

Mas não cheguei a saber o que ia acontecer comigo no fim da corrida. Schmidt voltava com um livro de poemas do poeta, poemas ingleses, feitos na sua amada Londres. Ovalle relutou um

pouco, mas acabou lendo quase tudo. Eu fiquei ouvindo sem compreender muita coisa, mas compreendo muita coisa do homem a que ouvia. Ovalle chorou, ajoelhou-se, às vezes se curvava até o chão para em seguida saltar como um calunga doido, falava música, fazia gestos tão patéticos que parecia querer se agarrar ao xale invisível de Nossa Senhora.

Juro que fiquei fisicamente cansado da emoção. Quando resolvi sair, o poeta quis vir comigo. E fomos juntos por Copacabana afora. Depois entramos num táxi para a cidade. Na cidade pusemo-nos a beber — e bebemos tanto que nem as estrelas do céu ou os peixinhos do mar fariam conta do que bebemos. A madrugada nos encontrou na Lapa, comendo um filé à moda com vinho verde. A expressão do poeta sossegara muito, e ele agora me contava sobre as coisas do mistério, num tom simples e persuasivo. Ouvi de sua boca a explicação integral da famosa Gnomonia. Ouvi-o falar de Bach e Beethoven. Ouvi-o exaltar as mulheres da vida. Mais tarde, às sete horas da manhã, assisti ao seu encontro com Manuel Bandeira, encontro emocionante, depois de quatro anos de ausência, e uma pequena rusga. Do quarto de Manuel fui para a Censura Cinematográfica, onde dormi durante a projeção um sono de duas horas e liberei todas as fitas.

Até hoje, quando nos encontramos, sinto entre nós a fidelidade a esse primeiro encontro. Descobrimos coisas, fazemos caso de tudo, nunca há silêncio entre nós.

escalopinho ao molho madeira com arroz à piemontesa

INGREDIENTES

400 g de FILÉ MIGNON cortado em escalopes de 100 g
SAL e PIMENTA-DO-REINO a gosto
2 colheres (sopa) de ÓLEO VEGETAL
1 colher (sopa) de MANTEIGA
1 CEBOLA média ralada
½ colher (sopa) de EXTRATO DE TOMATE
½ colher (sopa) de FARINHA DE TRIGO
1 xícara (chá) de CALDO DE CARNE escuro
    (tipo demi-glace) fervente
½ xícara (chá) de COGUMELOS-DE-PARIS picados
½ xícara (chá) de VINHO MADEIRA

PREPARO

1 Envolva os filés em filme plástico e, com o auxílio de um rolo de macarrão, bata-os levemente para ficarem com 0,5 cm de espessura. Retire o filme e tempere os escalopes com sal e pimenta.

2 Aqueça o óleo em uma frigideira de fundo grosso em fogo muito alto. Doure rapidamente dos dois lados os escalopes no óleo quente (neste ponto da receita eles devem estar bem malpassados). Retire-os da frigideira e reserve-os tampados, para que não esfriem demais.

3 Na mesma frigideira, aqueça a manteiga em fogo baixo e refogue a cebola com o extrato de tomate até que murche bem. Polvilhe com a farinha de trigo e refogue mais um pouco, mexendo até que fique bem escura. Adicione o caldo tipo demi-glace fervente e mexa até engrossar. Então acrescente os cogumelos e o vinho madeira, tampe a frigideira e deixe ferver por 5-10 minutos em fogo médio (cuide para o molho não secar; se necessário, acrescente um pouco mais de caldo fervente). Ponha os escalopes de volta na frigideira com o molho e aqueça-os por 1-2 minutos. Sirva-os em seguida.

2 PORÇÕES / 30 MINUTOS

arroz à piemontesa

INGREDIENTES

2 colheres (sopa) de MANTEIGA SEM SAL
1 CEBOLA grande picada bem miudinho
2 dentes de ALHO socados
1 xícara (chá) rasa de ARROZ cru
1 ½ xícara (chá) de CALDO DE LEGUMES
SAL e PIMENTA-DO-REINO BRANCA moída na hora a gosto
3 colheres (sopa) de CHAMPIGNONS EM CONSERVA
    cortados em fatias (100 g)
½ xícara (chá) de VINHO BRANCO SECO de boa qualidade
½ xícara (chá) de CREME DE LEITE FRESCO
½ xícara (chá) de QUEIJO PARMESÃO ralado
alguns ramos de SALSINHA picada para decorar

PREPARO

1 Em uma panela, aqueça metade da manteiga e doure a cebola e o alho. Acrescente o arroz cru e misture bem. Junte o caldo de legumes, tempere com pouco sal e deixe cozinhar em fogo baixo até secar.

2 À parte, em uma frigideira, derreta o restante da manteiga e refogue os champignons. Adicione o vinho e deixe evaporar um pouco. Tempere com pimenta e acrescente o creme de leite e o queijo, mexendo delicadamente com um garfo para não ficar empapado. Ajuste o tempero, polvilhe com salsinha picada e sirva imediatamente.

2 PORÇÕES / 30 MINUTOS

Poema publicado em *Para viver um grande amor* (São Paulo: Companhia das Letras, 2010)

o margarida's

A d. Margarida,
pelos seus bons pratos,
pelos seus bons tratos

A cavaleiro de um bonito vale
Em Petrópolis, ao fim de umas subidas
Há um hotel que dá margem a que se fale:
    O Margarida's.

A dona (Margarida) é criatura
Das melhores, no trato e nas comidas
E não bastasse, é boa a arquitetura
    Do Margarida's.

Para quem gosta, existe uma piscina
E mesmo um bar com todas as bebidas
Mas bom de fato é a água cristalina
    Do Margarida's.

A vista é linda: ao longe a Catedral
E o Largo Dom Afonso e as avenidas...
E à noite o fabuloso céu austral
    Do Margarida's.

Há quaresmas e acácias pela serra
E muitas outras coisas coloridas
E o ar é frio e puro, e verde a terra
    No Margarida's.

Amigo, se o que buscas é... buscar-te
Ou quem sabe curar velhas feridas
Eis meu conselho: não hesites, parte
    Ao Margarida's.

MINAS GERAIS

Vinicius vai pela primeira vez a Minas Gerais em 1942, chefiando uma caravana de escritores brasileiros a Belo Horizonte, onde faz amizade com Otto Lara Rezende, Fernando Sabino, Hélio Pelegrino e Paulo Mendes Campos. Dez anos depois, visita Ouro Preto e as cidades históricas mineiras, para produzir um documentário sobre Aleijadinho. Muitas vezes o poeta repetiria as visitas a Minas — e, claro, aos restaurantes de Minas.

Quando ia a Ouro Preto,
Vinicius permanecia bastante
tempo hospedado no Pouso
do Chico Rey. Recebia o quarto
nº 1, com vista para os montes,
e todo o carinho de Lili Ebba
Henriette Correia de Araújo,
a proprietária dinamarquesa.
Em troca das gentilezas, dedicou-lhe
um poema que retrata a atmosfera
desse solar histórico onde Pablo
Neruda também se hospedou.

Poema escrito em Ouro Preto, em 23-6-1968

poesia do pouso
para Lillylinda

Amiga, dizer nem ouso
De certa coisa que sei
Desde então acho-me em gozo
Das coisas que sempre amei

Lá dentro tudo é formoso
Toda a madeira é de lei
Lá dentro encontrei repouso
Lá dentro me reencontrei

Amiga, só quero pouso
No Pouso do Chico-Rey!

Com carinho total do
Vinicius de Moraes

bolo de carne da lili

Dona Lili, proprietária do Pouso do Chico Rey, em Ouro Preto, era reconhecida como amável anfitriã e boa cozinheira, o que contribuiu para estreitar sua amizade com Vinicius. São lembrados até hoje seu caviar, feito com ovas de robalo ou outro peixe de "linhagem nobre", o *chutney* de manga e o escabeche de sardinha fresca, muito pedido para acompanhar torradas e caipirinha. Hoje, os quartos da pousada têm nomes de artistas que lá se hospedaram — o nº 1 se chama Vinicius de Moraes; o 6, Pablo Neruda.

INGREDIENTES

BOLO
500 g de CARNE DE BOI (patinho ou acém) moída 3 vezes
500 g de CARNE DE PORCO (paleta ou pernil) moída 3 vezes
½ CEBOLA picada bem miudinho
2 OVOS
2 colheres (sopa) de FARINHA DE TRIGO
NOZ-MOSCADA ralada na hora a gosto
SAL e PIMENTA-DO-REINO moída na hora a gosto

MOLHO FERRUGEM
1 colher (sopa) de MANTEIGA
½ CEBOLA picada
1 colher (sobremesa) de FARINHA DE TRIGO
1 xícara (chá) de CALDO DE CARNE
1 colher (sopa) de ALCAPARRAS dessalgadas

PREPARO

1 Preaqueça o forno em temperatura média/baixa (160°C).
2 Coloque todos os ingredientes do bolo de carne em uma tigela e misture bem.
3 Modele o bolo e transfira-o para uma fôrma untada com manteiga. Leve ao forno e asse por cerca de 30 minutos.
4 Retire o bolo do forno e deixe-o esfriar por alguns minutos antes de desenformar.
5 Prepare o molho na própria fôrma em que assou o bolo, na boca do fogão. Coloque a manteiga e junte a cebola e a farinha, mexendo até a cebola amaciar e ficar com um tom dourado-escuro. Adicione o caldo e mexa até ferver por alguns minutos e engrossar. Coe e acrescente as alcaparras. Sirva como acompanhamento do bolo de carne.

6 PORÇÕES / 1 HORA

Em uma das visitas a Belo Horizonte, Vinicius de Moraes apresentou Pablo Neruda ao tradicional restaurante Tavares. Os dois poetas compartilhavam o amor por uma boa pimenta — segundo Toquinho, Vinicius dizia: "É a única coisa que me dá a certeza de estar vivo".

molho de pimenta perfeitamente ignaro

INGREDIENTES

10 PIMENTAS-MALAGUETAS sem sementes
3 dentes de ALHO
1 ½ xícara (chá) de MOLHO DE TOMATE PRONTO
    (ou 1 lata de 340 g)
1 colher (café) de ORÉGANO
1 colher (sopa) de SAL
1 xícara (chá) de VINAGRE DE VINHO
½ xícara (chá) de ÓLEO VEGETAL

PREPARO

Bata todos os ingredientes no liquidificador até obter um molho homogêneo. Guarde em vidros esterilizados com tampa e conserve-os na geladeira.

APROXIMADAMENTE 2 XÍCARAS / 15 MINUTOS

Poema publicado em *História natural
de Pablo Neruda – A elegia que vem de longe*
(São Paulo: Companhia das Letras, 2006)

viagem gastronômica
a belo horizonte

Em Bel'zonte
Levei-te ao restaurante do Tavares
Para onde, como sói
Havia convidado previamente
Esse querido Elói
Nunca havias provado
Capivara, tatu, paca, veado
A boa caça brasileira
Acompanhada de feijão tropeiro
E linguiça e torresmo bem torrado
E um molho de pimenta
Perfeitamente ignaro
("Fogo do Inferno", chama-se...)
Que — eu bem te avisei!
Incendiou-te as vísceras e a cara
Isso depois de umas "caipirinhas"
E, durante, cerveja bem gelada.

Dava gosto o prazer e o sofrimento
Com que comias e com que suavas.

vinicius no restaurante tavares

As visitas de Vinicius ao Tavares ficaram
registradas na memória de Ana Paula,
Conceição, Tavares e Júlio, da equipe do
restaurante. É o que se vê no depoimento
a seguir, que reúne as lembranças dos
quatro funcionários.

"Chega como qualquer mortal. A pé, sozinho.
Vem de chinelo tipo franciscano. Não causa
rebuliço. Passa despercebido.

Impossível impedir que vá até a cozinha
ajudar no preparo de seus pratos prediletos:
tatu assado e filé com fritas tamanho
família. A ameaça do pessoal da cozinha
de jogar gordura quente no pé do Vinicius
causa inquietação nos donos do restaurante.
Diante das advertências, o poeta volta
à sua mesa. Depois traz um copo cheio de
uísque para as cozinheiras.

Naquele tempo não havia batata congelada.
Era comum que ficasse encharcada de
gordura. Vinicius, então, tem um ritual
próprio para deixá-la bem sequinha —
o que enlouquece a equipe da cozinha, pois
atrasa todos os outros pratos.

Também suborna o garçom para adiantar
o seu pedido. Principalmente a tal da
batata frita que ele tanto ama. Quando
demorava demais, lá ia Vinicius às panelas,
fritar as próprias batatas, sob o olhar
complacente das cozinheiras, já devidamente
semiembriagadas.

Lá pelas três da tarde, quieto, discreto
e imperceptível, chega Toquinho. Nunca se
descobriu quem pagava a conta, tanto a de
Vinicius quanto a de Toquinho. A cena repete-se
toda vez que ele vai à capital mineira.

A sobremesa preferida: goiabada cascão
caseira e queijo de Minas."

LOS ANGELES

Los Angeles é o primeiro posto ocupado por Vinicius de Moraes em sua carreira de diplomata. Lá, frequenta a mansão de Carmen Miranda em Beverly Hills (veja p. 108), conhece Orson Welles, visita Walt Disney. Escreve pouco, fartando-se de cinema e jazz, dois gostos que lhe marcariam a vida inteira.

Torna-se amigo de Comte, chef de renome, e trava contato com um tipo de gastronomia nova, inventiva, com influências de todo o mundo. É brindado com banquetes que o fazem esquecer por algum tempo as "comidinhas de casa" de que tanto sente falta. As receitas que seguem retratam a Los Angeles atraente e fascinante de Vinicius.

Trecho de carta enviada a D. Lydia de Moraes em 16/12/46; publicada em *Querido poeta — Correspondência de Vinicius de Moraes* (São Paulo: Companhia das Letras, 2003)

na casa do comte

"Sinto muita falta dos almoços de domingo [*no Rio de Janeiro, com a família*], apesar de frequentemente almoçar na casa do Comte, aos domingos também, e ter um arremedo de bem-estar. O Comte é um dos maiores chefs de cozinha que há no mundo, e trabalha aqui no Savoy. Ficamos muito amigos. A comida dele é, do ponto de vista estritamente culinário, melhor que a tua ou qualquer outra que já tenha comido. Mas não é brasileira, não tem carne assada, feijão-preto com gordura da carne, arroz e essas coisas: não tem, sobretudo, a qualidade materna da tua. Ando com uma vontade de pastel com açúcar, de doce de banana daquele que você faz, de baba de moça de meu pai e dos cozidos dele, de bolinho de bacalhau, de uma cachacinha, dessas misteriosas comidas brasileiras de que não me sai o gosto da boca. De qualquer modo, comer em casa do Comte é comer em Paris, no melhor restaurante de Paris. Me dá trutas, perus fabulosos, patos de alucinar, saladas (eu que não gosto) que eu sozinho como um prato inteiro, cogumelos deliciosíssimos, omeletes com trufas de fazer babar, sobremesas incríveis."

Este prato representa os banquetes opulentos do período californiano. Reúne aromas e sabores descritos por Vinicius em cartas para a família.

terrine de trutas
receita preparada pelo chef Gustavo Milazzo

INGREDIENTES

TERRINE
300 ml de FUMET DE PEIXE (caldo)
6-8 BATATAS médias (cozidas sem casca, em rodelas de 0,3 cm)
2 CENOURAS grandes (cozidas sem casca, cortadas ao comprido na espessura de 0,3 cm)
8-10 ASPARGOS VERDES frescos (pré-cozidos e partidos ao meio)
8-10 talos de SALSÃO limpos, sem os fios
SAL e PIMENTA-DO-REINO BRANCA a gosto
1 colher (sopa) de ÓLEO VEGETAL
14 filés de TRUTA fresca (caso compre as trutas inteiras, aproveite a cabeça e as aparas para fazer o fumet de peixe)
1 colher (sopa) de MANTEIGA
3 ½ colheres (sopa) rasas de GELATINA EM PÓ SEM SABOR (2 envelopes de 12 g)
50 ml de CREME DE LEITE FRESCO

FUMET DE PEIXE
300 g de APARAS DE PEIXE
½ xícara (chá) de SALSÃO picado
½ xícara (chá) de FUNCHO (bulbo de erva-doce) picado
½ xícara (chá) de CEBOLA picada
1 colher (chá) de SAL
1 pitada de PIMENTA-DO-REINO BRANCA
1 litro de ÁGUA FRIA

12 PORÇÕES / 2 HORAS (MAIS 12 HORAS DE DESCANSO)

PREPARO

1 Em uma panela funda, junte todos os ingredientes do fumet de peixe. Leve ao fogo baixo, em panela tampada, e deixe ferver até reduzir um terço do seu volume (aproximadamente 1 hora).
2 Enquanto isso, prepare todos os legumes e tempere-os levemente com sal e pimenta.
3 Frite no óleo os filés de truta, começando pelo lado da pele, e depois de 1 minuto adicione a manteiga. Frite até a pele ficar crocante e a carne, cozida. Tempere-os com sal e pimenta-do-reino e reserve-os na geladeira, cobertos com filme plástico, para que esfriem bem e a carne fique firme.
4 Coe 300 ml do fumet de peixe (de preferência em filtro de papel próprio para café) e, ainda quente, junte a gelatina em pó e misture até que ela dissolva. Depois, adicione o creme de leite e reserve.
5 Forre uma fôrma de terrine com filme plástico, de modo que ele sobre nas laterais e cubra a superfície da terrine depois de pronta. Unte a parte interna com óleo e comece a montar as camadas. Primeiro, coloque o peixe no fundo e nas laterais, com a pele voltada para o lado de fora da terrine. Depois, disponha uma camada de cenouras, outra de batatas, seguidas de uma camada de talos de salsão, outra de batatas, seguida de uma camada de aspargos. Ao fim dessa camada, acrescente a mistura de caldo com gelatina e creme de leite até cobrir os aspargos.
6 Então, inicie o processo de retirada do líquido excedente. Use um saco plástico firme e duplo, cheio de arroz ou feijão cru, e espalhe-o por toda a superfície da terrine, pressionando-o com as mãos, para que o excesso de líquido transborde.

7 Depois disso, acrescente uma última camada de peixe, com a parte da pele voltada para cima. Cubra a terrine com as sobras do filme plástico e ponha novamente por cima aquele saco duplo com arroz ou feijão para servir de peso. Leve a terrine à geladeira para descansar por 12 horas. Passado esse tempo, desenforme a terrine em uma travessa e sirva-a fria.

DICA DO CHEF
Recorte um papelão grosso, dobrado ao meio, com uma sobra de 2 cm em relação ao tamanho da terrine. Cubra-o todo com papel-alumínio e depois embrulhe-o com filme plástico. Use-o como base para manter a terrine na geladeira até a hora de servir, depois de desenformada.

SUGESTÃO
Para dar mais cor à terrine, substitua a cenoura por pimentões vermelhos e amarelos assados: corte-os ao meio, retire as sementes, regue com azeite, polvilhe com alecrim e alho picadinho, tempere com sal e pimenta-do-reino e leve para assar por 15-20 minutos em forno preaquecido a 180°C. Corte-os em tiras de 3 cm x 8 cm e use-os para fazer uma das camadas da terrine.

pato de alucinar

INGREDIENTES

1 colher (sopa) de MEL
2 colheres (sopa) de VINAGRE BALSÂMICO
SAL e PIMENTA-DO-REINO a gosto
1 PEITO DE PATO
2 colheres (sopa) de MANTEIGA NOISETTE (veja receita ao lado)
PURÊ DE BATATA COM TRUFAS para acompanhar (veja receita ao lado)
PIMENTA VERDE EM CONSERVA para polvilhar

O que seria "pato de alucinar"? Esta receita tenta fornecer a resposta, utilizando uma maneira interessante de preparar o prato, com manteiga *noisette* e purê de batata com trufas.

PREPARO

1 Misture o mel com o vinagre balsâmico, sal e pimenta e espalhe essa mistura por toda a superfície do peito de pato, de ambos os lados. Leve-o à geladeira para descansar por 1 hora, coberto com filme plástico.
2 Preaqueça o forno em temperatura média (180°C).
3 Passado o tempo da marinada, retire o pato, ponha o líquido da marinada em uma panela pequena e leve ao fogo até aquecer ligeiramente. Por último, acrescente a manteiga noisette. Reserve.
4 Em uma frigideira de fundo grosso e bordas altas, bem aquecida, coloque o peito de pato com a pele voltada para baixo e grelhe somente até que fique com uma cor dourada. Vire e doure do outro lado. Coloque o pato no forno e deixe assar por 7 minutos de cada lado. Antes de fatiar, deixe a carne descansar por alguns minutos.
5 Para montar o prato, coloque uma porção de purê de batata com trufas e o peito de pato fatiado. Despeje o molho por cima, polvilhe com algumas pimentas verdes e sirva imediatamente.

2 PORÇÕES / 1H30

DICA

Antes de temperar o peito de pato, risque a pele com a ponta de uma faca afiada, formando quadrados.

manteiga noisette

INGREDIENTES

2 colheres (sopa) de MANTEIGA SEM SAL

PREPARO

Em uma panela pequena, derreta a manteiga em fogo muito baixo, retirando a espuma que se formar com uma colher até que toda a manteiga se torne bem transparente. Mantenha-a em fogo baixo até que esteja dourada, com aroma que lembre amêndoas tostadas.

purê de batata com trufas

INGREDIENTES

600 g de BATATAS com a casca
2 colheres (sopa) de MANTEIGA SEM SAL
SAL a gosto
1 pitada de NOZ-MOSCADA ralada na hora
½ colher (sobremesa) de TRUFAS NEGRAS
    EM CONSERVA DE AZEITE

PREPARO

Cozinhe as batatas inteiras em pouca água, sem sal. Escorra-as, tire a casca com o auxílio de uma faca e passe-as pelo espremedor. Torne a colocá-las na panela, acrescente a manteiga e abaixe o fogo. Tempere com sal, noz-moscada e acrescente as trufas. Misture bem e sirva imediatamente.

Poema publicado em *Poemas esparsos* (São Paulo: Companhia das Letras, 2008)

história passional, hollywood, califórnia

Preliminarmente, telegrafar-te-ei uma dúzia de rosas
Depois te levarei a comer um *chop suey*
Se a tarde também for loura abriremos a capota
Teus cabelos ao vento marcarão oitenta milhas.

Dar-me-ás um beijo com batom marca indelével
E eu pegarei tua coxa rija como a madeira
Sorrirás para mim e eu porei óculos escuros
Ante o brilho de teus dois mil dentes de esmalte.

Mascaremos cada um uma caixa de goma
E iremos ao *Chinese* cheirando a hortelã-pimenta
A cabeça no meu ombro sonharás duas horas
Enquanto eu me divirto no teu seio de arame.

De novo no automóvel perguntarei se queres
Me dirás que tem tempo e me darás um abraço
Tua fome reclama uma salada mista
Verei teu rosto através do suco de tomate.

Te ajudarei cavalheiro com o abrigo de chinchila
Na saída constatarei tuas *nylon 57*
Ao andares, algo em ti range em dó sustenido
Pelo andar em que vais sei que queres dançar rumba.

Beberás vinte uísques e ficarás mais terna
Dançando sentirei tuas pernas entre as minhas
Cheirarás levemente a cachorro lavado
Possuis cem rotações de quadris por minuto.

De novo no automóvel perguntarei se queres
Me dirás que hoje não, amanhã tens filmagem
Fazes a cigarreira num clube de má fama
E há uma cena em que vendes um maço a George Raft.

Telegrafar-te-ei então uma orquídea sexuada
No escritório esperarei que tomes sal de frutas
Vem-te um súbito desejo de comida italiana
Mas queres deitar cedo, tens uma dor de cabeça!

À porta de tua casa perguntarei se queres
Me dirás que hoje não, vais ficar dodói mais tarde
De longe acenarás um adeus sutilíssimo
Ao constatares que estou com a bateria gasta.

Dia seguinte esperarei com o rádio do carro aberto
Te chamando mentalmente de galinha e outros nomes
Virás então dizer que tens comida em casa
De avental abrirei latas e enxugarei pratos.

Tua mãe perguntará se há muito que sou casado
Direi que há cinco anos e ela fica calada
Mas como somos moços, precisamos divertir-nos
Sairemos de automóvel para uma volta rápida.

No alto de uma colina perguntar-te-ei se queres
Me dirás que nada feito, estás com uma dor do lado
Nervosos meus cigarros se fumarão sozinhos
E acabo machucando os dedos na tua cinta.

Dia seguinte vens com um suéter elástico
Sapatos mocassim e meia curta vermelha
Te levo pra dançar um ligeiro *jitterbug*
Teus vinte deixam os meus trinta e pouco cansados.

Na saída te vem um desejo de boliche
Jogas na perfeição, flertando o moço ao lado
Dás o telefone a ele e perguntas se me importo
Finjo que não me importo e dou saída no carro.

Estás louca para tomar uma coca gelada
Debruças-te sobre mim e me mordes o pescoço
Passo de leve a mão no teu joelho ossudo
Perdido de repente numa grande piedade.

Depois pergunto se queres ir ao meu apartamento
Me matas a pergunta com um beijo apaixonado
Dou um soco na perna e aperto o acelerador
Finges-te de assustada e falas que dirijo bem.

Que é daquele perfume que eu te tinha prometido?
Compro o Chanel 5 e acrescento um bilhete gentil
"Hoje vou lhe pagar um jantar de vinte dólares
E se ela não quiser, juro que não me responsabilizo..."

Vens cheirando a lilás e com saltos, meu Deus, tão altos
Que eu fico lá embaixo e com um ar avacalhado
Dás ordens ao garçom de caviar e champanha
Depois arrotas de leve me dizendo *I beg your pardon*.

No carro distraído deixo a mão na tua perna
Depois vou te levando para o alto de um morro
Em cima tiro o anel, quero casar contigo
Dizes que só acedes depois do meu divórcio.

Balbucio palavras desconexas e esdrúxulas
Quero romper-te a blusa e mastigar-te a cara
Não tens medo nenhum dos meus loucos arroubos
E me destroncas o dedo com um golpe de jiu-jítsu.

Depois tiras da bolsa uma caixa de goma
E mascas furiosamente dizendo barbaridades
Que é que eu penso que és, se não tenho vergonha
De fazer tais propostas a uma moça solteira.

Balbucio uma desculpa e digo que estava pensando...
Falas que eu pense menos e me fazes um agrado
Me pedes um cigarro e riscas o fósforo com a unha
E eu fico boquiaberto diante de tanta habilidade.

Me pedes para te levar a comer uma salada
Mas de súbito me vem uma consciência estranha
Vejo-te como uma cabra pastando sobre mim
E odeio-te de ruminares assim a minha carne.

Então fico possesso, dou-te um murro na cara
Destruo-te a carótida a violentas dentadas
Ordenho-te até o sangue escorrer entre meus dedos
E te possuo assim, morta e desfigurada.

Depois arrependido choro sobre o teu corpo
E te enterro numa vala, minha pobre namorada...
Fujo mas me descobrem por um fio de cabelo
E seis meses depois morro na câmara de gás.

INGREDIENTES

300 g de MACARRÃO TIPO LÁMEN ou yakissoba
2 colheres (sopa) de ÓLEO VEGETAL
100 g de filé de PEITO DE FRANGO em tirinhas
100 g de CAMARÕES pequenos limpos e sem casca
1 dente de ALHO picado
⅓ de xícara (chá) de BRÓCOLIS em buquezinhos
⅓ de xícara (chá) de CENOURA em rodelas finas
⅓ de xícara (chá) de folhas de ACELGA em pedaços
⅓ de xícara (chá) de COGUMELOS frescos em fatias
2 colheres (sopa) de MOLHO DE SOJA
1 colher (café) de AÇÚCAR
1 xícara (chá) de CALDO DE FRANGO ou água
1 colher (sopa) de AMIDO DE MILHO
PIMENTA-DO-REINO BRANCA moída na hora a gosto
1 colher (chá) de ÓLEO DE GERGELIM TORRADO
SAL, se necessário

macarrão chop suey

Se hoje pode soar usual o trânsito entre a culinária ocidental e a oriental, antes, comer um mero macarrão *chop suey* era digno de nota e de ser incluído em um poema. A vantagem atual é encontrar com facilidade alguns dos ingredientes da receita: tanto o macarrão característico quanto o molho de soja e o óleo de gergelim.

PREPARO

1 Cozinhe o macarrão e escorra quando estiver al dente. Reserve.
2 Aqueça 1 colher (sopa) do óleo em uma wok ou frigideira grande e frite o macarrão até que doure. Retire-o, escorra e reserve em uma travessa grande.
3 Acrescente o óleo restante à wok e salteie o frango sacudindo-a ligeiramente, depois retire e reserve junto ao macarrão. Repita a operação com o camarão.
4 Doure o alho na wok e em seguida acrescente os legumes (brócolis, cenoura, acelga, cogumelos). Quando estiverem levemente cozidos, mas firmes, ponha de volta o frango e o camarão.
5 Em uma tigela pequena, misture muito bem o molho de soja, o açúcar, o caldo de frango (ou água), o amido de milho e pimenta a gosto. Adicione o molho à mistura de frango e legumes e deixe cozinhar brevemente até engrossar um pouco.
6 Por último, acrescente o óleo de gergelim torrado e o macarrão, misture com delicadeza e deixe aquecer. Sirva imediatamente.

2 PORÇÕES / 30 MINUTOS

Crítica de cinema publicada em *O cinema de meus olhos* (São Paulo: Companhia das Letras, 1991)

smorgasbord

O *smorgasbord* é uma espécie de *hors-d'oeuvre* ou antepasto
mamútico, de mastigo quase tão complexo como a palavra,
do qual participam não só os ingredientes usuais, quais
sejam fatias de presunto, salada de batata com molho
de maionese, anchova, sardinha, azeitonas recheadas etc.,
até as gelatinas de peixe, corações de alcachofra, feijão
à moda de Boston, caviar, queijo roquefort amassado,
pirão de castanhas, frutas secas, o diabo — tudo o que se
possa imaginar em matéria de coisinha apetecente. Fica
geralmente colocado sobre uma mesa imensa numa legião
de pratos e travessas comprimidos entre plantas exóticas,
enquanto as pessoas à volta, todas possuídas dessa polida
animosidade que existe entre os que se servem de pé
e os que andam de elevador, se atravancam para alcançar
o caviar luzidio ou o untuoso patê.

É frequente se ouvir frases como essa, em geral ditas
por senhoras: "Será que ela pensa que é dona de toda
a mesa?". Até cadeirada pode sair em torno de uma
mesa de *smorgasbord*. É comida demais para tão curta
vida, e desperta uma gula artificial nos circunstantes.
Em geral ninguém come muito, devido à pletora.
A mim, por exemplo, me dá uma completa gastura.

Duas vezes na minha vida tive que enfrentar mesas de
smorgasbord no estrangeiro. A verdade é que sou um
homem de simples comer, podendo perfeitamente cumprir
meu tempo no feijão com arroz, bife, batata frita e um ovo

quente a um canto do prato. Naturalmente, um tutuzinho
à mineira de vez em quando, com uma linguicinha
bem feitinha, ou um torresminho todo crespinho não caem
mal. Sabem como é, não é: também não pode ser toda
a vida o mesmo prato. Um homem precisa variar de
comida. A pessoa necessita até de pratos estupefacientes
como as estupendas sirizadas que levam horas, as grandes
feijoadas, com uma laranjinha bem azeda para cortar,
e uma cachacinha para já ir resolvendo a parada, ou um
cozido desses que levam bastante paio e bastante banana,
ou uma boa peixada regada com bom azeite e um
vinhozinho verde do lado — ah, meu Deus! —, ou uma
bouillabaisse com todo o mar dentro, e de quando em quando
um vatapá feito com muito camarão seco e um pirãozinho
de fubá de arroz friinho que é para misturar bem na boca
com o quente da pimentinha que se vai pondo, ou um
caruru que também é boa comida, havendo-se antes entrado
numa meia dúzia de acarajés para forrar o estômago...

Mas eu tinha qualquer coisa para falar que já não me
lembro... Ah, já sei. Era a propósito de *Sansão e Dalila*.
Eu me lembrei de *Sansão e Dalila*, depois me lembrei
de *smorgasbord*.

O que eu queria dizer, em resumo, é que *Sansão e Dalila*
é uma verdadeira *smorgasbord*. Bom apetite, pois.

1951

Para representar o complexo e literário *smorgasbord*, foi escolhida uma autêntica "bouillabaisse com todo o mar dentro". Tradicional receita da França mediterrânea, a *bouillabaisse* é uma sopa ou guisado à base de peixes, frutos do mar, legumes e ervas cujo preparo ilustra perfeitamente o que Vinicius quis retratar: um desafio.

bouillabaisse com todo o mar dentro

receita preparada pela chef Vanessa Silva

INGREDIENTES

4 colheres (sopa) de AZEITE DE OLIVA
½ CEBOLA cortada bem miudinho
2 dentes de ALHO amassados
⅓ de PIMENTÃO VERMELHO picado bem miudinho
⅓ de PIMENTÃO AMARELO picado bem miudinho
⅓ de xícara (chá) de FUNCHO (bulbo de
    erva-doce) picado bem miudinho
1 colher (chá) de RASPAS DE CASCA DE LARANJA
½ CEBOLA cortada em fatias finas
4 TOMATES sem pele e sem sementes picados
½ xícara (chá) de VINHO BRANCO SECO
alguns PISTILOS DE AÇAFRÃO diluídos em
    água morna
1 xícara (chá) de CALDO DE PEIXE
150 g de POLVO
200 g de ROBALO (2 postas)
150 g de VERMELHO com a espinha (ou trilha)
100 g de LULA
80 g de CAMARÕES médios
2 VIEIRAS
80 g de VÔNGOLES
6 MEXILHÕES
100 g de BATATA
SALSINHA picada a gosto

PREPARO

1 Em uma frigideira funda e grossa, aqueça o azeite e frite a cebola em fogo alto até que murche. Na sequência, coloque o alho. Depois que os dois estiverem dourados, junte os pimentões, o funcho (bulbo de erva-doce) e as raspas de laranja. Adicione a cebola em fatias e depois os tomates. Coloque o vinho branco e espere até que todo o álcool evapore. Tempere com o açafrão e acrescente o caldo de peixe.

2 Enquanto isso, à parte, pré-cozinhe o polvo. Deixe à mão uma tigela bem grande com água gelada e muito gelo. Numa panela com bastante água fervente e sal, mergulhe o polvo por 1 minuto ou até que perceba que ele se enrolou. Então retire-o imediatamente e mergulhe-o na água gelada. Repita essa operação por cinco vezes. Reserve.

3 Quando o caldo de peixe tiver levantado fervura, abaixe o fogo e cozinhe primeiro o robalo e o vermelho com as espinhas. Tampe a panela para criar vapor e o caldo não secar. Depois de 2 minutos, vire os peixes e acrescente o polvo pré-cozido e a lula.

4 Adicione aos poucos os frutos do mar: primeiro os camarões, depois as vieiras, os vôngoles e os mexilhões. Cozinhe mantendo sempre o fogo baixo. Por último, junte as batatas. Quando estiverem cozidas al dente, desligue o fogo e finalize com salsinha picada.

2 PORÇÕES / 40 MINUTOS

FRANÇA

Paris sempre foi um destino querido de Vinicius, cantado em versos. Lá, ele trabalhou como segundo-secretário da embaixada brasileira e também na delegação do Brasil na Unesco. Geralmente escolhia pratos tipicamente franceses, mas também frequentava restaurantes alemães e italianos, e ainda fazia uma paella espanhola em casa.

Há sempre episódios romanescos na vida do poeta. Aqui cabe contar um francês: uma vez, hospedou-se no mesmo castelo em que o conde d'Eu se refugiou após a proclamação da República, o Château d'Eu. Ali, Vinicius escreveu o roteiro de *Orfeu negro*, adaptação cinematográfica de sua peça *Orfeu da Conceição*. Mais tarde, o filme *Orphée noir* (1959), com direção de Marcel Camus, ganharia a Palma de Ouro no Festival de Cannes e o Oscar de melhor filme estrangeiro. Na trilha sonora, composições de Tom Jobim e Luís Bonfá.

Para detalhes desse episódio e de tantos outros mais, indica-se *O poeta da paixão*, biografia escrita por José Castello (São Paulo: Companhia das Letras, 1994)

Texto publicado em *Roteiro lírico e sentimental da cidade do Rio de Janeiro*
(São Paulo: Companhia das Letras, 1992)

oração a nossa senhora de paris

Notre Dame de Paris, Notre Dame de Partout, rogai
por mim, rogai por nós, os malferidos de amor,
os feridos do doce langor, os que uivam à lua nas praias
desertas do mundo, os que buscam um vagabundo num
bar para falar da bem-amada, para não dizer nada
só que ela é bonita, os que saem andando em campos
de estrelas e de repente é uma rua deserta com um
apartamento aceso que fica olhando o deambulante,
o amante perdido, sem rumo e sem prumo, barco
sozinho no meio do oceano lunar, é só olhar, lá está ela,
a bem-amada dormindo no céu com os braços para
cima, linda axila, macio feno, suave veneno de paixão,
ó não, Nossa Senhora de Paris, Nossa Senhorazinha
de Paris, rogai por mim porque a coisa está ruim, ela
está longe eu sigo nessa névoa de luminosos astros
e choro ao ver um rio que corre, uma estrela que morre,
um mendigo que dorme, um cão que faz amor com
uma cadela de olhos úmidos, túmidos seios, negro
vórtex, meu amor, Notre Dame de Paris, Notre Dame
de Partout, aqui estou eu, lembrai-vos, diante de vossa
portada maior, o santo de cabeça cortada me espiando
sofrer a angústia da espera vem não vem o homem
me oferece cartões-postais de mulher nua pensa que
eu sou americano eu sou é brasileiro do Rio de janeiro
onde mora a minha amada numa colmeia a beira-parque
fazendo há dois mil anos mel de amor com que adoçar

todas as minhas mágoas, ó águas do Sena revoltas,
minha amada está serena porque nós viemos de muito,
muito, muito longe para nos encontrar, atravessamos
os lagos da infância, cruzamos os desertos da
adolescência, galgamos as montanhas da mocidade
e aqui nesta cidade nos encontramos uma só vez,
o mês era março, e nos reencontramos em abril
novecentos e sessenta luas depois na rue Pierre Charon
e ela entrou pelos meus olhos, banhou-se no meu
cristalino, acendeu-me a íris e postou-se como santa
Luzia no nicho de minhas pupilas oferecendo-me
os próprios olhos numa salva de prata e pôs-se a comer
devagarinho minha cabeça enquanto eu não sabia
o que lhe dissesse só pedia vem comigo vem comigo
mas ela não podia porque não era o dia mas lá
vem ela de táxi entrou na Île de la Cité, rodeou a praça,
que graça é ela, vai saltar, não eu que vou com ela,
adeus Notre Dame de Paris, Notre Dame de l'Amour,
iluminai vossos vitrais, levantai âncora ó galera gótica
dos meus martírios vossos santos aos remos o Corcunda
no mais alto mastro Jesus na torre de comando e buscai
serenamente o grande caudal no qual me abandono
náufrago coberto de flores em demanda do abismo claro
e indevassável da morte, Saravá!

Montevidéu, 1959

Originalmente, o sanduíche *au poulet*, muito comum nas ruas de Paris, era preparado no pão *ficelle* — "barbante", um tipo de pão muito fino, semelhante a uma baguete —, apenas com frango e tomate. A versão aqui apresentada é menos tradicional e mais ao gosto de Vinicius, "molhadinha": o recheio tem maionese com mostarda à *l'ancienne* (bem concentrada e com as sementes) e queijo *gruyère*. A alface é apenas para os que "comem da verde pétala". Vinicius a dispensaria.

sanduíche au poulet

INGREDIENTES

1 filé (150 g) de PEITO DE FRANGO cortado em tiras finas
suco de ½ LIMÃO
1 dente de ALHO amassado
SAL e PIMENTA-DO-REINO moída na hora
1 fio de AZEITE DE OLIVA
1 BAGUETE bem fresca
2 colheres (sopa) de MAIONESE À L'ANCIENNE (veja receita ao lado)
150 g de QUEIJO GRUYÈRE em fatias finas
1 TOMATE maduro em rodelas finas
2 folhas de ALFACE (opcional)
CHIPS DE BATATA para acompanhar

PREPARO

1 Tempere as tiras de frango com suco de limão, alho, sal e pimenta, e deixe-as descansar por alguns minutos.

2 Aqueça uma frigideira, despeje um fio de azeite e refogue o frango até que doure. Reserve.

3 Corte uma baguete ao meio no sentido do comprimento e espalhe o molho de maionese à l'ancienne nas duas metades. Por cima de uma delas, distribua o frango formando uma camada, cubra com o queijo em fatias, o tomate em rodelas e por último a alface.

4 Feche o sanduíche cobrindo o recheio com a outra metade do pão. Aperte-o firmemente com as mãos e corte ao meio.

5 Sirva acompanhado de chips de batata.

2 PORÇÕES / 20 MINUTOS

molho de maionese à l'ancienne

INGREDIENTES

1 colher (chá) de VINAGRE DE ESTRAGÃO
    (ou de vinho branco)
2 colheres (sopa) de MAIONESE
2 colheres (sopa) de MOSTARDA EM GRÃOS
    (à l'ancienne)
1 colher (sopa) de AZEITE DE OLIVA
1 pitada de SAL
1 pitada de PIMENTA-DO-REINO BRANCA em pó

PREPARO

Em uma tigela funda, coloque todos os ingredientes. Com o auxílio de um batedor (fouet), misture até obter um molho bem emulsificado. Mantenha na geladeira.

Esta é uma senhora sopa de cebola, maravilhosa para dias frios. Segundo depoimento de Josée Rinaldi, grande amiga francesa de Vinicius, o poeta costumava comer a iguaria no restaurante Le Florentin, perto da Place de La Concorde, no centro de Paris.

sopa de cebola
receita preparada pelo chef Erick Jacquin

INGREDIENTES

½ tablete (100 g) de MANTEIGA SEM SAL
8 CEBOLAS grandes picadas
⅔ de xícara (chá) de FARINHA DE TRIGO
1 xícara (chá) de VINHO BRANCO SECO
4 ramos de SALSINHA fresca
2 ramos de TOMILHO fresco
1 folha de LOURO
2 litros de ÁGUA
SAL e PIMENTA-DO-REINO BRANCA moída na hora a gosto
4 dentes de ALHO amassados
1 BAGUETE amanhecida (do dia anterior)
6 GEMAS
1 xícara (chá) de VINHO MADEIRA ou porto
400 g de QUEIJO GRUYÈRE ralado grosso

PREPARO

1 Preaqueça o forno em temperatura média (180°C).
2 Leve ao fogo uma panela grande, de fundo grosso, e derreta a manteiga.
3 Coloque a cebola e refogue até que doure. Acrescente a farinha e misture até que comece a dourar. Depois junte o vinho branco, misture bem e deixe reduzir.
4 Prepare um bouquet garni amarrando a salsinha, o tomilho e o louro com fio dental.
5 Acrescente a água, sal, pimenta, o bouquet garni e o alho. Deixe cozinhar em fogo baixo por 1 hora.
6 Enquanto a sopa ferve, prepare crôutons: corte o pão em cubos e leve-os ao forno para que torrem levemente.
7 Separadamente, misture muito bem as gemas com o vinho madeira. Reserve.
8 Retire os crôutons do forno e aumente a temperatura para 200°C.
9 Quando a sopa estiver pronta, retire o bouquet garni, acrescente a mistura de gemas e mexa bem.
10 Em um refratário grande (ou cumbuca de barro), despeje a sopa e disponha por cima os crôutons e o queijo gruyère.
11 Coloque o refratário em banho-maria e leve-o ao forno para gratinar por 20 minutos.

8 PORÇÕES / 40 MINUTOS

Vinicius comia camarões ao molho tártaro no Stresa, restaurante italiano em Paris que hoje não oferece mais o prato. Esta receita, servida como entrada, remete ao coquetel de camarão, e por isso aqui se escolheu uma versão moderna, servida em *verrines* (copinhos). Pode ser preparada com antecedência e guardada já montada na geladeira.

camarões au sauce tartare

INGREDIENTES

1 xícara (chá) de CALDO DE FRANGO (ou legumes)
SAL a gosto
12 CAMARÕES médios, limpos e sem casca, mas com a cauda

PREPARO

1 Em uma panela pequena, leve o caldo de frango para ferver com um pouco de sal. Mergulhe os camarões, tampe a panela e deixe cozinhar por 3 minutos.
2 Desligue o fogo e mantenha a panela tampada por mais 3 minutos.
3 Coloque porções de molho tártaro (veja receita a seguir) que cubram metade das verrines (pequenos copos ou taças). Retire os camarões do caldo e arrume-os encaixados na borda com a cauda para fora.
4 Mantenha na geladeira até servir.

2 PORÇÕES / 30 MINUTOS

Trecho de "reportagem lírica" assinada por Vinicius
na revista *Senhor*, em maio de 1959

por que amo paris

"[...] (Coisa linda
Vestida de noite, eu vou te amar tanto
Mas tanto que o meu amor será captado
Por todos os radares, e os radioamadores
De todo o mundo permanecerão
em vigília
Para ouvir, banhados em lágrimas,
pulsar o meu coração.) Amada!
Vamos comer camarões no "Stresa",
"sauce tartare"? [...]"

molho tártaro

INGREDIENTES

2 OVOS COZIDOS picados bem miudinho
½ vidro de ALCAPARRAS dessalgadas picadas bem fino
1 vidro pequeno de AZEITONAS picadas bem miudinho
1 CENOURA grande picada bem miudinho
½ xícara (chá) de SALSA picada bem fino
½ xícara (chá) de CEBOLINHA VERDE picada bem fino
1 CEBOLA pequena picada bem miudinho
2 colheres (sopa) de CREME DE LEITE
2 colheres (sopa) de MAIONESE
suco de 1 LIMÃO
1 pitada de PIMENTA-DO-REINO BRANCA

PREPARO

Em uma tigela funda, coloque todos os ingredientes. Com o auxílio de um batedor (fouet), misture
até obter um molho bem emulsificado. Mantenha
na geladeira.

O *steak tartare* encantava Vinicius pela forma com que era servido, arrumando-se os detalhes finais do prato à mesa. Como se trabalha com ingredientes crus, é importante que estes sejam de boa procedência e consumidos logo após o preparo.

steak tartare

INGREDIENTES

300 g de FILÉ MIGNON ou patinho
SAL e PIMENTA-DO-REINO moída na hora a gosto
2 GEMAS cruas
2 colheres (sopa) de SALSINHA picada fino
meia CEBOLA-ROXA pequena, picada bem miudinho
1 colher (sopa) de ALCAPARRAS dessalgadas picadas
1 colher (sopa) de MOSTARDA AMARELA
2 colheres (sopa) de CONHAQUE

PREPARO

1 Limpe a carne tirando os nervos e a gordura. Pique-a bem miudinho na ponta da faca.
2 Tempere a carne com sal e pimenta e misture bem. Com as mãos, modele-a formando duas bolas levemente achatadas. Coloque cada uma em um prato.
3 No centro de cada bola de carne faça uma cavidade, e nela ponha uma gema crua.
4 Sirva à moda antiga, colocando em potinhos separados a salsinha, a cebola, as alcaparras, a mostarda e o conhaque. Ou então misture todos os ingredientes, modele as bolas e ponha nos pratos.
5 Sirva acompanhado de baguete, salada ou batatas fritas.

2 PORÇÕES / 20 MINUTOS

picadinho à la calavados

receita preparada pelo chef Emmanuel Bassoleil

A receita de picadinho do extinto restaurante parisiense La Calavados era muito querida por Vinicius de Moraes, e bem tradicional. Também conhecida como *boeuf bourguignon*, tem jeito de comida caseira, preparada por tantas mães francesas. O autor desta típica receita das casas da Borgonha, Emmanuel Bassoleil, conhece o prato desde pequeno.

INGREDIENTES

CARNE
1 kg de MÚSCULO, coxão mole ou alcatra
SAL e PIMENTA-DO-REINO PRETA a gosto
30 ml de ÓLEO VEGETAL, ou 2 colheres (sopa)
100 g de CEBOLA em cubos
100 g de CENOURA em cubos
2 dentes de ALHO picados
30 g de FARINHA DE TRIGO, ou ¼ de xícara (chá)
1 colher (sopa) de EXTRATO DE TOMATE
1 garrafa de VINHO TINTO (borgonha)
1 BOUQUET GARNI (amarradinho de ervas frescas composto de tomilho,
  louro, salsa e alecrim, por exemplo)
1 litro de CALDO DE CARNE
2 colheres (sopa) de SALSINHA picada

GUARNIÇÃO BOURGUIGNONNE
150 g de CEBOLINHAS TIPO APERITIVO, bem pequeninas
2 colheres (sopa) de AÇÚCAR
30 g de MANTEIGA, ou 2 colheres (sopa)
150 g de BACON em cubos
250 g de COGUMELOS FRESCOS

ACOMPANHAMENTO
BATATAS COZIDAS ou talharim fresco

PARA DECORAR
4 TORRADAS COM ALHO e SALSINHA picada

PREPARO

1 Limpe a peça de carne, retirando os nervos e a gordura. Corte-a em cubos de 50-60 g cada. Tempere com sal e pimenta-do-reino. Coloque o óleo em uma panela grande, de fundo grosso, e leve ao fogo até aquecer bem. Doure a carne por igual. Junte a cebola, a cenoura e o alho e refogue mais um pouco. Polvilhe com a farinha, abaixe o fogo e deixe refogar por mais 5 minutos. Acrescente o extrato de tomate, o vinho tinto e o bouquet garni e cozinhe por 10 minutos, sem tampa, para retirar a acidez do molho. Adicione o caldo de carne, tampe a panela e deixe cozinhar por 2 horas, em fogo baixo, mexendo de vez em quando. Quando a carne estiver cozida, retire com uma escumadeira os cubos de carne e o bouquet garni e passe o molho por uma peneira. Leve o molho de volta à panela e junte os cubos de carne.

2 Separadamente, prepare a guarnição bourguignonne. Descasque as cebolinhas e coloque-as em uma panela rasa com o açúcar e metade da manteiga. Cubra com água e deixe que cozinhem até a água evaporar e as cebolinhas ficarem caramelizadas. Reserve. Ponha o restante da manteiga em uma frigideira e doure o bacon. Acrescente os cogumelos frescos e refogue por alguns minutos. Adicione à carne da panela o bacon, os cogumelos, as cebolinhas caramelizadas, e retire do fogo.

3 Distribua o boeuf bourguignon em porções individuais e sirva com batatas cozidas ou talharim fresco na manteiga. Decore com torradas com alho e salsinha picada.

5 PORÇÕES / 3 HORAS

Trecho de carta enviada a Antonio Maria em 28/5/57; publicada em *Querido poeta — Correspondência de Vinicius de Moraes* (São Paulo: Companhia das Letras, 2003)

"Ontem, numa paella aqui no meu novo apartamento (18 rue Jean Goujon, 1er étage, Paris 8e) [...] De Caymmi posso dizer que foi praticamente raptado por Cícero Dias, pois só o vi uma noite, aliás esplêndida, que começou no Stresa e acabou na La Calavados, com passagem pela última novidade de Paris, que é o St.-Florentin, que funciona à base de discos formidáveis em hi-fi, com cartão de sócio e garrafa na mesa, que o clube guarda quando não enxuta: o que raramente acontece."

paella

Vinicius foi anfitrião de muitos brasileiros ilustres em Paris. Mesmo na capital francesa, optava por cozinhar uma *paella*, prato valenciano à base de arroz, sempre muito colorido, que parece chamar imediatamente as pessoas à mesa.

INGREDIENTES

8 COXAS DE FRANGO
SAL a gosto
1 colher (sopa) de PÁPRICA (doce ou picante, a gosto)
suco de 1 LIMÃO
240 g de LINGUIÇA DE PORCO DEFUMADA
120 g de CEBOLA picada, ou 1 cebola grande
2 colheres (sopa) de ALHO picado
120 g de PIMENTÃO VERMELHO em tiras
120 g de PIMENTÃO VERDE em tiras
120 g de AZEITE DE OLIVA extra virgem (espanhol), ou ½ xícara (chá)
700 g de ARROZ CRU, ou 3 ½ xícaras (chá)
16 PISTILOS DE AÇAFRÃO
6 ½ xícaras (chá) de CALDO DE FRANGO temperado com sal
   e páprica picante (1,5 litro)
1 LAGOSTA em pedaços
24 CAMARÕES de tamanho médio/grande
24 MEXILHÕES
24 VÔNGOLES ou berbigões
24 MARISCOS

PREPARO

1 Tempere o frango com sal, a páprica, o suco de limão. Reserve para apurar o tempero.

2 Em uma panela baixa e larga, de cerca de 40 cm de diâmetro, própria para paella, refogue primeiro a linguiça em rodelas em sua própria gordura até dourar. Reserve. Doure o frango na gordura restante da panela. Reserve.

3 Em seguida, refogue a cebola, o alho e os pimentões até ficarem macios. Acrescente o azeite de oliva e refogue o arroz até ficar translúcido. Misture o açafrão ao caldo de frango (que deve estar fervente) e despeje sobre o arroz. Deixe levantar fervura.

4 Distribua a linguiça e o frango, tampe e deixe cozinhar por aproximadamente 5 minutos. Acrescente a lagosta e cozinhe por aproximadamente mais 5 minutos. Por último, adicione os camarões, os mexilhões, os vôngoles e os mariscos, deixando cozinhar por outros 5 minutos.

5 Desligue o fogo e deixe a panela tampada por 5-10 minutos para finalizar a cocção, ou até que os crustáceos estejam cozidos, as conchas dos moluscos tenham aberto e o arroz esteja macio.

8 PORÇÕES / 1 HORA

gigot d'agneau
à moda do l'hôtel plaza athénée

receita preparada pelo chef Marco Soares

O pernil de cordeiro, *gigot d'agneau*, é um dos pratos tradicionais da cozinha francesa, símbolo da gastronomia nacional. Vinicius costumava apreciá-lo. Nesta receita, o chef Marco Soares rememora o tempo em que trabalhou no famoso hotel parisiense.

INGREDIENTES

CORDEIRO
1 PERNA DE CORDEIRO (veja nota)
2 dentes de ALHO
AZEITE DE OLIVA suficiente para untar o cordeiro
1 colher (chá) de COMINHO EM PÓ
1 colher (chá) de PÁPRICA
1 colher (chá) de CANELA EM PÓ
SAL MARINHO e PIMENTA-DO-REINO moída na hora a gosto
4 ramos de ALECRIM fresco

LEGUMES
1 fio de AZEITE DE OLIVA
1 colher (chá) de MEL
100 g de CENOURA cortada em cubos
100 g de BERINJELA cortada em cubos
100 g de ABOBRINHA cortada em cubos
1 dente de ALHO inteiro, com a casca
SAL e PIMENTA-DO-REINO moída na hora a gosto

PREPARO

CORDEIRO
1 Preaqueça o forno em temperatura alta (240°C).
2 Coloque a perna de cordeiro em uma assadeira. Corte os dentes de alho ao meio no sentido do comprimento, retire o miolo e pique cada alho em quatro, ao comprido. Fure a carne de cordeiro com uma faca de ponta afiada e preencha as fendas com os pedaços de alho. Esfregue toda a superfície da carne com bastante azeite de oliva. Misture as especiarias com sal marinho e pimenta a gosto em uma tigela e cubra o cordeiro de ambos os lados.
3 Coloque 1 copo de água no fundo da assadeira e os ramos de alecrim. Leve ao forno e asse por 1h15, virando constantemente e acrescentando um pouco mais de água, se necessário. Desligue o forno e deixe o cordeiro repousar por 10 minutos dentro dele antes de servir.

LEGUMES
1 Em uma frigideira grande, de fundo grosso, aqueça o fio de azeite e ponha o mel. Adicione os legumes e o dente de alho inteiro e tempere com sal e pimenta. Sacuda a frigideira com cuidado sobre a chama do fogão, até que os legumes dourem por igual.
2 Em uma travessa, disponha primeiro os legumes e arranje o cordeiro de forma harmoniosa.

DICA
Quanto menor a perna de cordeiro, melhor: indica animal mais jovem e carne mais macia.

2 PORÇÕES / 1 HORA

Poulet à la basquaise, ou *poulet basquaise*, é o frango à moda basca, a escolha de Vinicius quando ia ao Bar des Théâtres, na região de Champs-Elysées, em Paris. Com ervas e pimentões coloridos, eis aqui um modo de preparar para quem deseja um frango fora do habitual.

INGREDIENTES

1 FRANGO inteiro
10 g de PIMENTA ESPELETTE (pimenta basca, muito utilizada na França)
SAL a gosto
50 g de FARINHA DE TRIGO
100 ml de AZEITE DE OLIVA
150 g de PRESUNTO CRU em tiras
180 g de CEBOLA picada
20 g de ALHO amassado
300 g de TOMATES picados
250 g de PIMENTÃO AMARELO (sem a pele)
250 g de PIMENTÃO VERMELHO (sem a pele)
1 BOUQUET GARNI (amarradinho de ervas frescas composto de tomilho, louro, salsa e alecrim, por exemplo)
700 ml de ÁGUA
10 g de folhas de TOMILHO fresco

poulet basquaise receita preparada pelo chef Laurent Suaudeau

PREPARO

1 Preaqueça o forno em temperatura baixa (140°C).

2 Corte o frango em oito pedaços, pelas juntas. Tempere-os com a pimenta espelette e sal. Depois, passe-os de leve na farinha de trigo.

3 Leve ao fogo uma frigideira grande, de fundo grosso, que possa ir ao forno. Aqueça o azeite e salteie o frango com o presunto até que estejam levemente dourados. Retire-os da frigideira e reserve.

4 Em seguida, na mesma frigideira, refogue ligeiramente a cebola e o alho. Acrescente os tomates, metade dos pimentões e o bouquet garni e refogue mais um pouco.

5 Cubra o refogado com a água, junte novamente os pedaços de frango e tampe. Leve ao forno e deixe cozinhar durante 2 horas.

6 Passado esse tempo, retire a frigideira do forno, separe os pedaços de frango e mantenha-os aquecidos.

7 Retire o bouquet garni e passe o molho pela peneira. Acrescente o restante dos pimentões e as folhas de tomilho. Leve a frigideira à chama do fogão e deixe o molho reduzir até ficar com consistência cremosa.

8 Coloque o molho sobre os pedaços de frango e sirva.

8 PORÇÕES / 2H40

Josée Rinaldi, a amiga francesa, conta que Vinicius comia com gosto o *canard aux olives*, ou *confit* de pato com azeitonas — sempre acompanhado do *fameux beaujolais*, o famoso vinho da região de Beaujolais.

canard aux olives

INGREDIENTES

2 PERNAS DE PATO (coxa e sobrecoxa)
SAL suficiente para esfregar o pato
1 kg de GORDURA DE PATO
350 g de AZEITONAS VERDES sem caroço

PREPARO

1 Na noite anterior, esfregue as pernas de pato com bastante sal. Coloque-as em uma tigela, cubra e leve à geladeira durante a noite.
2 No dia seguinte, retire todo o sal das pernas de pato e lave-as rapidamente em água corrente.
3 Seque-as bem e coloque-as em uma panela de fundo grosso. Acrescente a gordura de pato e deixe que cozinhem em fogo bem baixo por 3 horas (após isso, elas podem ser armazenadas por meses em um frasco cheio de gordura).
4 Lave bem as azeitonas, seque-as bem e depois frite-as na gordura residual de pato da panela por cerca de 5 minutos. Reserve.
5 Disponha as pernas de pato em uma travessa e, ao lado, ponha as azeitonas. Sirva quente.

delícias au pied de cochon

receita preparada pela chef Eliane André

INGREDIENTES

1 xícara (chá) de AZEITE DE OLIVA
2 JOELHOS DE PORCO com o couro, cortados longitudinalmente
2 PÉS DE PORCO
1 colher (sopa) de COLORAU
1 colher (sopa) de AÇÚCAR
200 g de CEBOLA picada bem miudinho
200 g de ALHO-PORÓ picado bem miudinho
200 g de SALSÃO picado bem miudinho
SAL
200 ml de CERVEJA PRETA
1 colher (chá) de FÉCULA DE BATATA (se necessário)
VINAGRE DE VINHO BRANCO a gosto

Esta receita, comum em diversas regiões da França, utiliza partes do porco que requerem um pouco mais de criatividade no preparo: pé e joelho. A cerveja preta auxilia o cozimento.

PREPARO

1 Numa panela de ferro de fundo grosso, aqueça o azeite e doure as carnes com o colorau e o açúcar. Abaixe o fogo, retire as carnes e reserve.

2 Na mesma panela, acrescente os legumes e refogue-os, mexendo até que murchem.

3 Ponha as carnes de volta na panela com os legumes e cozinhe, juntando água quente aos poucos, até a carne ficar quase macia. Nesse ponto acrescente sal, mas com cuidado. Então junte a cerveja e termine de cozinhar bem as carnes.

4 Tire as carnes do molho e reserve. Passe o molho por uma peneira e leve-o à geladeira por 1 hora, para depois retirar o excesso de gordura.

5 Caso seja necessário, leve o molho ao fogo muito baixo para reduzir, ou acrescente fécula de batata para espessar. Prove o molho e equilibre o sal e o açúcar. Se for preciso, adicione um pouquinho de vinagre de vinho branco.

6 Pouco antes de levar o prato à mesa, coloque os joelhos de porco no forno por 10 minutos, com o couro voltado para cima, e regue-os com o molho. Sirva acompanhado de repolho roxo refogado e maçãs assadas.

4 PORÇÕES / 2 HORAS
(MAIS O TEMPO DE RESFRIAMENTO DO PRATO)

peixe e camarões à moda de antibes

Em visitas à encantadora cidade de Antibes, no litoral mediterrâneo francês, Vinicius de Moraes ficava fascinado pelos detalhes que envolviam o preparo de alguns pratos típicos. Descobria novas combinações de ingredientes, flanava em busca de cada um deles — uma réstia bonita de cebolas ou um maço de alho-poró muito fresco, cortes de carne diferentes, peixes, camarões...

INGREDIENTES

2 folhas de LOURO frescas, picadas bem miudinho
1 colher (sopa) de SEMENTES DE COENTRO
2 colheres (sopa) de SAL GROSSO
½ xícara (chá) de AZEITE DE OLIVA
2 colheres (sopa) de MANTEIGA SEM SAL derretida
suco de 1 LIMÃO-SICILIANO
1 ECHALOTA (ou CEBOLA-ROXA) picada finamente
1 colher (chá) de ERVAS FINAS
2 colheres (sopa) de SALSINHA fresca picada
500 g de BATATAS BOLINHA com a pele
1 folha de LOURO fresco inteira
6 CAMARÕES PISTOLA
1 colher (sopa) de PÁPRICA (doce ou picante)
1 PEIXE inteiro de aproximadamente 1 kg (pargo ou vermelho)
1 fio de AZEITE DE OLIVA para grelhar os camarões
fatias finas de LIMÃO-SICILIANO para decorar

PREPARO

1 Misture as folhas de louro picadas com as sementes de coentro e metade do sal grosso e esmague tudo muito bem com o auxílio de um pilão (ou então em uma tigela funda, com o batedor de carne). Adicione o azeite, a manteiga, metade do suco de limão, a echalota, as ervas finas e a salsinha e misture bem. Divida esse tempero em três partes e reserve.
2 Cozinhe as batatas em uma panela cheia de água com o restante do sal grosso e a folha de louro inteira, por aproximadamente 10 minutos. Retire-as da água. Se preferir, descasque-as e esmague-as levemente com as costas de uma colher, para que se abram. Misture um terço do tempero reservado nas batatas ainda quentes e espalhe-as no fundo de uma travessa refratária, formando uma cama para o peixe. Reserve.
3 Limpe os camarões, fazendo um leve corte próximo à cabeça para retirar a tripa. Coloque-os em um prato fundo e despeje mais um terço do tempero reservado misturado com a páprica. Mexa bem para envolver os camarões nesse molho e deixe-os marinar na geladeira.
4 Preaqueça o forno em temperatura alta (250°C).
5 Limpe bem o peixe e esfregue-o com o restante do suco de limão. Espalhe mais um terço do tempero por todo o peixe, por dentro e por fora.
6 Acomode o peixe em cima das batatas na travessa e leve ao forno para assar por 15-18 minutos. Vire o peixe do outro lado e leve-o de volta ao forno por mais 15-18 minutos.
7 Enquanto isso, aqueça bem uma frigideira de fundo grosso em fogo alto. Despeje um fio de azeite e grelhe imediatamente os camarões por 3 minutos de cada lado. Sirva-os como entrada ou junto com o peixe, em uma travessa separada.
8 Retire o peixe do forno, decore a travessa com fatias de limão-siciliano e sirva.

NOTA
Na receita original, o peixe utilizado é o daurade royale (*Sparus aurata*).

2 PORÇÕES / 1 HORA

BAHIA

Vale a pena ver e ouvir Vinicius cantando o refrão "Vai! Vai! Vai! Vai!/ Sofrer!/ Vai! Vai! Vai! Vai!/ Chorar!/ Vai! Vai! Vai! Vai!/ Dizer!..." de "Canto de Ossanha". O vídeo está na internet e mostra o poeta regendo a vida com as mãos, vestindo colares, sentado à mesa com uma toalha com estampa de onça. Absolutamente à vontade, entregue, de olhos fechados, na companhia da filha Georgiana, Miúcha, Toquinho e Tom Jobim, numa turnê em Milão. A composição de 1966, um dos afro-sambas feitos com o parceiro Baden Powell, representa um ponto de mudança na carreira de Vinicius. Foi um período em que ele se encantou com o candomblé e com a Bahia, como se percebe em "Tarde em Itapuã", uma das músicas mais ensolaradas e preguiçosas da MPB.

Um velho calção de banho
O dia pra vadiar
Um mar que não tem tamanho
E um arco-íris no ar
Depois na praça Caymmi
Sentir preguiça no corpo
E numa esteira de vime
Beber uma água de coco

É bom
Passar uma tarde em Itapuã
Ao sol que arde em Itapuã
Ouvindo o mar de Itapuã
Falar de amor em Itapuã
Trecho de "Tarde em Itapuã"

Amigo sinhô
Saravá
Xangô me mandou lhe dizer
Se é canto de Ossanha, não vá!
Que muito vai se arrepender
Pergunte pro seu Orixá
Amor só é bom se doer
Trecho de "Canto de Ossanha"

Entre tantas opções sedutoras, esta moqueca foi escolhida como prato símbolo da gastronomia baiana para ilustrar essa fase de Vinicius. Cheirosa e colorida, a moqueca de peixe e camarão é rica em sabores e texturas — e uma boa ocasião para ousar na pimenta, como fazia o poeta.

moqueca baiana

INGREDIENTES

2 CEBOLAS em rodelas
3 TOMATES maduros em rodelas
1 PIMENTÃO VERMELHO em rodelas
1 PIMENTÃO VERDE em rodelas
1 kg de BADEJO ou robalo em filés
2 dentes de ALHO picados
1 PIMENTA DEDO-DE-MOÇA picada fino
1 colher (sopa) de CEBOLINHA VERDE picada
1 colher (sopa) de SALSINHA picada
1 colher (sopa) de COENTRO fresco picado
SAL a gosto
1 xícara (chá) de LEITE
½ xícara (chá) de LEITE DE COCO
1 colher (sopa) de AZEITE DE DENDÊ
600 g de CAMARÕES médios ou grandes, sem casca

PREPARO

1 Em uma frigideira grande e funda, monte a moqueca em camadas. Comece fazendo uma cama com metade das rodelas de cebola, disponha por cima metade das rodelas de tomate e cubra-as com metade das rodelas dos dois pimentões (o vermelho e o verde).
2 Acomode os filés de peixe em cima e torne a sobrepor mais camadas, começando com o restante do tomate, em seguida o restante dos pimentões e, por último, o restante da cebola.
3 Polvilhe com o alho picado, a pimenta dedo-de-moça, metade das ervas frescas e sal. Despeje o leite, metade do leite de coco e regue com o azeite de dendê.
4 Tampe a frigideira, leve-a ao fogo muito baixo e deixe ferver por 15-20 minutos. Nos últimos 5 minutos de cocção, acrescente os camarões e tampe para que cozinhem. Regue com o restante do leite de coco, ajuste o sal, se necessário, e polvilhe com o restante das ervas frescas.
5 Sirva com arroz branco e uma farofinha passada na manteiga.

4 PORÇÕES / 1 HORA

camarão à baiana

receita preparada pelo chef Rafael Sessenta

INGREDIENTES

500 g de CAMARÕES grandes, limpos,
    frescos e cortados à borboleta
1 LIMÃO
1 TOMATE grande e maduro
1 PIMENTÃO VERDE pequeno
1 CEBOLA BRANCA
1 colher (sopa) de AZEITE DE OLIVA
1 colher (sopa) de AZEITE DE DENDÊ
¼ de maço de CHEIRO-VERDE
    (cebolinha e coentro)
2 PIMENTAS DEDO-DE-MOÇA
SAL
FARINHA DE MANDIOCA (de copioba, amarela)

MOLHO
400 ml de LEITE DE COCO
150 ml de AZEITE DE DENDÊ

PREPARO

1 Esprema meio limão em um copo de água e lave os camarões. Escorra e reserve.

2 Corte em rodelas meio tomate, meio pimentão e meia cebola, e o restante em cubinhos.

3 Em uma frigideira, coloque 1 colher (sopa) de azeite de oliva e 1 de dendê, e os temperos picados em cubinhos. Tempere com sal, refogue juntando os camarões e reserve.

4 Prepare o molho de moqueca, numa panela, com o leite de coco e o dendê. Tempere com sal e, quando levantar fervura, junte os camarões e deixe cozinhar por 3 minutos.

5 Retire metade do caldo para fazer um pirão.

6 Em seguida, coloque por cima dos camarões as rodelas de tomate, cebola e pimentão, o cheiro-verde picado e as pimentas inteiras (nessa ordem). Tampe e cozinhe por 4 minutos.

7 Prepare o pirão numa outra panela, com o caldo separado, juntando a farinha aos poucos e mexendo até que forme uma papa fina de farinha com água. Mexa até atingir o ponto desejado.

8 Para servir, monte o prato com o pirão ao centro formando um montinho e regue os camarões por cima, com o molho.

4 PORÇÕES / 1 HORA

ITÁLIA

Vinicius gravou dois discos na Itália, em 1968 e em 1972, quando consolidou a parceria com Toquinho, e fez turnês no país na década de 1970. Nessas viagens, passeava pelas ruas de Florença com o parceiro, beliscando *prosciutto* e queijo em lascas. Frequentava a taverna Flavia e o restaurante Del Moro, em Roma. Convidava a filha Georgiana e Miúcha para irem ao Alfredo di Roma comer um *fettuccine al triplo burro*. E encantava-se com o nome de alguns pratos, como o do *spaghetti alla chitarra*.

fettuccine al triplo burro

receita preparada pelo chef Jefferson Rueda

INGREDIENTES

MASSA
250 g de FARINHA DE TRIGO DE GRANO DURO
125 g de CLARA DE OVO
4 g de AZEITE DE OLIVA
2,5 g DE SAL

MOLHO
250 g de FETTUCCINE fresco
100 g de MANTEIGA SEM SAL
1 ½ xícara (chá) da ÁGUA DO COZIMENTO DO MACARRÃO
200 g de QUEIJO PARMESÃO GRANA PADANO ralado fino
BROTOS E PÉTALAS DE FLORES ORGÂNICAS

PREPARO

1 Coloque a farinha de grano duro em uma superfície lisa, formando um monte, e faça uma cavidade no centro. Misture a clara com o azeite e adicione a essa cavidade. Comece a misturar a farinha trazendo-a de fora para dentro aos poucos, com a ponta dos dedos de uma das mãos, até formar uma bola de massa, e então amasse-a com ambas as mãos até que fique lisa e homogênea. Deixe a massa descansar por alguns minutos, e depois abra-a e corte-a, passando--a por um cilindro de massa.

2 Encha uma panela com bastante água e leve ao fogo. Para salgá-la, calcule 10 g de sal para cada litro de água. Quando levantar fervura, adicione o fettuccine e deixe que cozinhe durante 2 minutos. Escorra e reserve parte da água do cozimento.

3 Leve uma frigideira grande e funda ao fogo. Acrescente a manteiga e, assim que ela derreter, tire a frigideira do fogo. Despeje sobre a manteiga 1 xícara (chá) da água do cozimento e junte a massa cozida. Sacuda a frigideira com firmeza em movimentos circulares, polvilhando o queijo ralado aos poucos, para incorporá-lo bem à massa e ao molho. Se necessário, adicione mais água, alternando-a com o queijo, sempre sacudindo a frigideira. Preste atenção para não aquecer demais a massa.

4 Transfira para uma travessa, polvilhe com os brotos e as pétalas de flor e sirva imediatamente.

2 PORÇÕES / 50 MINUTOS

O nome deste prato faz as honras a um ingrediente dos mais importantes: a manteiga (*burro*, em italiano). Como convidado de honra, Vinicius experimentou a massa no Alfredo di Roma — servida na travessa e, dizem, com talheres de ouro. A fama do restaurante é grande, tanto que *fettuccine al triplo burro* e *all'Alfredo* são quase sinônimos. A manteiga tem que ser de excelente qualidade, e na hora de servir utilizam-se brotos e pétalas de flores, que dão cor ao prato.

INGREDIENTES

2 colheres (sopa) de MANTEIGA
1 xícara (chá) de CREME DE LEITE FRESCO
250 g de ESPAGUETE DE MASSA FRESCA
SAL a gosto
2 colheres (sopa) de QUEIJO PARMESÃO ralado
15 g de TRUFAS BRANCAS em lâminas

corda di chitarra al tartufo bianco

receita preparada pela chef Sara Bonamini

Na Itália, há uma forma tradicional de cortar o espaguete antes do cozimento: estica-se a massa fresca sobre um utensílio chamado *chitarra*, muito parecido com um instrumento de cordas (*chitarra* é violão, em italiano), passa-se o rolo por cima e o resultado é o macarrão fracionado em fios compridos.

Miúcha conta que, após os shows, todos sempre saíam para comer uma "massinha", e que Vinicius amava o sabor das trufas nesta receita — em especial quando preparada com as inigualáveis variedades brancas da cidade de Alba, nas imediações de Milão e Turim. Toquinho confirma que o poeta se encantava com o perfume das trufas, mas que via ainda mais graça no nome poético do prato.

PREPARO

1 Coloque a manteiga e o creme de leite em uma frigideira grande. Ligue o fogo e vá misturando até que a manteiga derreta.
2 Deixe ferver brandamente até que o creme de leite engrosse levemente.
3 Cozinhe o espaguete em água abundante com sal até que fique al dente.
4 Escorra a massa e coloque na frigideira, adicione o queijo ralado e mexa até que o molho se incorpore bem à massa. Se ficar muito seco, coloque uma concha da água da cocção da massa.
5 Monte o prato e por cima da massa coloque as lâminas de trufa. Sirva bem quente.

2 PORÇÕES / 20 MINUTOS

ARGENTINA E URUGUAI

A Argentina e o Uruguai são países que Vinicius conheceu bem. Na década de 1950, ele residiu como diplomata em Montevidéu e foi delegado no Festival de Cinema de Punta del Este, ao mesmo tempo que fazia a cobertura para o jornal *Última Hora*. Nos anos 1970, liderou turnês muito aclamadas em ambos os países — em Buenos Aires, uma série de shows com Dorival Caymmi, Quarteto em Cy, Baden Powell e Oscar Castro Neves (em uma das noites, até Pelé subiu ao palco, para delírio da plateia) e diversas apresentações com Maria Creuza e Toquinho no La Fusa, reduto portenho da bossa nova. Foi na capital argentina, também, que Vinicius ouviu a leitura do nascente *Poema sujo*, de Ferreira Gullar, ali exilado durante a ditadura militar no Brasil, tornou-se amigo do músico argentino Astor Piazzolla e casou-se pela oitava vez, com a poetisa e estudante de direito Marta Santamaria.

É Marta quem lembra algumas paradas no roteiro gastronômico do poeta: em Buenos Aires, os restaurantes Edelweiss (frango grelhado com as adoradas batatas fritas de Vinicius) e Clark's (ostras acompanhadas do magnífico vinho branco Weinert); em Punta del Leste, o El Mejillón; em Montevidéu, o Doña Flor. As receitas que se seguem são daquela época.

Trecho de crítica de cinema publicada no jornal *Última Hora*

rumo a punta del este

"Morre, leitor, de inveja. Amanhã por essas horas, deverei estar a meio caminho de Punta del Este, o grande balneário uruguaio onde está sendo realizado o segundo Festival Cinematográfico da estação. Lá estarei entre astros e estrelas, vendo filmes de muitas nacionalidades, sobre os quais te mandarei informes completos."

sanduíche de pan de miga

INGREDIENTES

base
MAIONESE
PÃO DE MIGA

recheios
PRESUNTO e OVO
QUEIJO e AZEITONAS
PIMENTÕES EM CONSERVA e PASTA DE GORGONZOLA
BERINJELAS EM CONSERVA e PATÊ DE PRESUNTO

PREPARO

1 Passe uma camada muito fina de maionese em três fatias de pão.
2 Distribua uma camada fina de um dos primeiros ingredientes sobre a primeira fatia, cubra com a segunda fatia e, por cima desta, espalhe o segundo ingrediente. Cubra com a terceira fatia, corte ao meio (em quadrado ou em triângulo) e pressione com as mãos para firmar o recheio.

Muito comuns nos bares e cafés argentinos e uruguaios, estes sanduíches de pão bem fininho são servidos frios e levam como recheio uma combinação de ingredientes que varia ao gosto do freguês. Se não tiver o pão de miga original, monte-os em fatias de pão de fôrma sem casca.

fondue de neuchâteloise

INGREDIENTES

1 dente de ALHO grande, cortado ao meio longitudinalmente
600 g de QUEIJO GRUYÈRE ralado ou em lâminas
200 g de QUEIJO EMMENTAL envelhecido ralado ou em nacos
4 colheres (chá) de AMIDO DE MILHO
350 ml de VINHO BRANCO SECO (neuchâtel suíço ou pinot noir)
50 ml de KIRSCH (destilado alemão de cerejas)
PIMENTA-DO-REINO BRANCA moída na hora a gosto
NOZ-MOSCADA ralada na hora a gosto
PÃO em cubos

PREPARO

1 Esfregue bem a parte interna do alho por toda a superfície da panela de fondue. Deixe-o ou não na panela.
2 Misture os queijos com o amido de milho. Adicione o vinho e leve ao fogo muito baixo, mexendo constantemente, até que o vinho tenha sido incorporado e os queijos tenham derretido.
3 Acrescente a dose de kirsch, tempere com um toque de pimenta e de noz-moscada e misture.
4 Sirva com os cubos de pão.
5 Também pode ser acompanhado de batata suíça gratinada ou batata bolinha cozida com casca.

Vinicius experimentou esta *fondue* quando esteve no restaurante Bungalow Suizo, em Punta del Este. Neuchâtel é o nome de um cantão suíço, conhecido por seus relógios e por esta receita típica.

8 PORÇÕES / 20 MINUTOS

peixe ao vinho branco

INGREDIENTES

2 filés de BADEJO fresco
SAL e PIMENTA-DO-REINO BRANCA a gosto
2 colheres (sopa) de MANTEIGA
1 CEBOLA cortada em fatias finas
1 dente de ALHO amassado
½ xícara (chá) de VINHO BRANCO SECO
½ xícara (chá) de CREME DE LEITE
2 ASPARGOS frescos para decorar

PREPARO

1 Lave e seque os filés de badejo, e tempere-os com sal e pimenta.

2 Derreta a manteiga em uma frigideira de fundo grosso, em fogo baixo. Acrescente os filés e doure-os, sem mexer, por 3 minutos de cada lado. Após esse tempo, retire os filés da frigideira e reserve-os em um prato aquecido, tampado.

3 Na mesma frigideira, refogue a cebola até que fique bem dourada. Adicione o alho e, em seguida, o vinho branco. Tempere com sal e pimenta e deixe cozinhar por 10 minutos. Então coe o molho, coloque-o de volta na panela e acrescente o creme de leite. Leve ao fogo baixo apenas para aquecer, sem deixar ferver.

4 Separadamente, mergulhe os aspargos em água fervente salgada por alguns minutos, até enaltecer sua cor (devem ficar crocantes). Retire-os da água e corte-os ao meio.

5 Para servir, disponha os filés de badejo em uma travessa quente, cubra-os com molho e decore com os aspargos.

2 PORÇÕES / 40 MINUTOS

Muito suave e prática, esta receita
é excelente para quem deseja variar
o preparo de peixes.

mejillones a la provenzal

INGREDIENTES

1 kg de MEXILHÕES
1 xícara (chá) de VINHO BRANCO SECO
¼ de xícara (chá) de AZEITE DE OLIVA
4 dentes de ALHO picados
4 colheres (sopa) de SALSINHA fresca picada
SAL a gosto

PREPARO

1 Limpe os mexilhões, raspando bem as conchas. Deixe-os de molho em água gelada.
2 Aqueça uma panela de fundo grosso em fogo alto e coloque os mexilhões. Regue-os com o vinho branco e o azeite de oliva e polvilhe com o alho e metade da salsinha. Tampe a panela e deixe cozinhar até que os mexilhões se abram e o líquido da panela tenha se reduzido pela metade. Tempere com sal, polvilhe com o restante da salsinha e sirva.

2 PORÇÕES / 30 MINUTOS

Esta é uma forma simples e deliciosa de preparar mexilhões. Vinicius provou o prato no restaurante Doña Flor, em Montevidéu.

lomo a la pimienta con papas a la crema
receita preparada pela chef Ana Maria Bozzo

INGREDIENTES

2 colheres (sopa) de MANTEIGA
6 medalhões (de 80 g) de FILÉ MIGNON bovino
2 colheres (sopa) de PIMENTA VERDE em conserva
1 folha de LOURO
½ xícara (chá) de CREME DE LEITE fresco
SAL e PIMENTA-DO-REINO moída na hora a gosto

PREPARO

1 Em uma frigideira larga, de fundo grosso, derreta a manteiga e doure os medalhões por 3-4 minutos de cada lado, sem mexer. Retire-os da frigideira e reserve em um prato aquecido, tampado.
2 Tire o excesso de gordura da frigideira e coloque a pimenta verde, deixando-a dourar um pouco. Acrescente o louro e o creme de leite e deixe o molho encorpar lentamente, em fogo baixo, por alguns minutos (se utilizar creme de leite pasteurizado, reduza a quantidade pela metade e não deixe ferver).
3 Torne a pôr os medalhões na frigideira e aqueça-os no molho. Ajuste o sal e tempere com pimenta-do-reino antes de servir.

2 PORÇÕES / 1H20

Esta maneira de preparar deixa o filé bem suculento. A carne é temperada com pimenta verde, e as batatas são servidas gratinadas em molho. Vinicius provou este prato em Punta del Este, no restaurante La Posta del Cangrejo, da chef que assina a receita.

papas a la crema

INGREDIENTES

500 g de BATATAS cortadas em lâminas finas
MANTEIGA para untar
2 dentes de ALHO cortados ao meio longitudinalmente
½ xícara (chá) de CREME DE LEITE fresco
SAL e PIMENTA-DO-REINO moída na hora a gosto
NOZ-MOSCADA ralada na hora a gosto
150 g de QUEIJO GRUYÈRE ralado
ERVAS FRESCAS para decorar (tomilho ou salsinha)

PREPARO

1 Preaqueça o forno em temperatura alta (250°C).
2 Mergulhe as batatas em água salgada fervente por 2 minutos. Escorra bem.
3 Unte uma fôrma, ou travessa refratária, com manteiga e esfregue-a toda com a parte interna dos alhos, para aromatizar.
4 Disponha parte das batatas no fundo da fôrma. Por cima, espalhe parte do creme de leite e polvilhe com sal, pimenta, noz-moscada e queijo. Repita as camadas e finalize com queijo.
5 Leve ao forno para gratinar. Retire quando o queijo estiver dourado por cima. Polvilhe com um pouquinho de ervas frescas e sirva imediatamente.

carne recheada com ameixas

INGREDIENTES

12 AMEIXAS-SECAS sem caroço
1 PÃO FRANCÊS amanhecido, ralado
1 colher (sopa) de AÇÚCAR
2 doses (ou 100 ml) de VINHO XEREZ
SAL e PIMENTA-DO-REINO moída na hora a gosto
400 g de VITELA cortada em 4 escalopes de 100 g
2 colheres (sopa) de MANTEIGA
1 xícara (chá) de CALDO DE LEGUMES

PREPARO

1 Leve as ameixas para ferver em água ligeiramente salgada até que fiquem tenras. Escorra e faça um purê com o auxílio de um garfo, adicionando o pão ralado, o açúcar e o xerez, e temperando com sal e pimenta.
2 Disponha os escalopes individualmente sobre um saco plástico e amasse-os com o auxílio de um batedor até obter filés bem finos.
3 Preaqueça o forno em temperatura alta (200°C).
4 Recheie os escalopes com o purê de ameixas e enrole, prendendo com um palito.
5 Aqueça bem uma frigideira de fundo grosso. Ponha a manteiga e doure levemente a carne. Acrescente o caldo e leve ao forno por 15 minutos, regando a cada 5 minutos com o próprio molho.
6 Cubra os escalopes com o molho e sirva-os acompanhados de purê de batatas.

Esta receita, servida no restaurante Floreal, em Punta del Este, equilibra a doçura das ameixas com o sabor intenso da carne. É uma variação interessante para preparar carne de vitela (*ternero*, em espanhol).

2 PORÇÕES / 40 MINUTOS

morcillas y puré de manzanas

As morcelas são um embutido tradicional de carne suína cuja base é feita com sangue, daí a cor escura. Estão presentes na culinária de muitos países: *Blutwurst* (Alemanha), *black pudding* (Reino Unido), *boudin noir* (França), *morcilla* (Espanha) e *sanguinaccio* (Itália), sem falar nas designações latino-americanas (morcela, morcilha ou chouriço, no Brasil) e orientais.

Vinicius adorava este prato, conta a filha Susana. Era um de seus preferidos quando ia à Argentina ou ao Uruguai. Também não perdia oportunidade de prová-lo quando estava na França ou em Portugal.

2 PORÇÕES / 1 HORA

INGREDIENTES

6 MAÇÃS pequenas
suco de 1 LIMÃO
4 CRAVOS-DA-ÍNDIA
1 rama de CANELA EM PAU
6 sementes de ZIMBRO (opcional)
1 xícara (chá) de ÁGUA
4 MORCELAS

PREPARO

1 Descasque as maçãs e corte-as em pedaços pequenos. Regue com um pouco de suco de limão para não escurecerem.
2 Em uma panela de fundo grosso com boa tampa, aqueça o cravo, a canela e o zimbro. Adicione as maçãs e a água, e deixe cozinhar em fogo baixo até quase desmancharem, mexendo de vez em quando para que não grudem no fundo. Quando estiverem desmanchando e o líquido quase seco, amasse com um garfo ou passe pelo espremedor. Sirva com as morcelas fritas.

OUTRAS VIAGENS —
PORTUGAL E TUNÍSIA

Durante uma turnê em Portugal, nos anos 1970, ocorre um fato curioso na vida de Vinicius: no hotel, conta a ex--mulher Marta Santamaría, o poeta decide pedir caviar com acompanhamentos e champanhe. Não que quisesse soar esnobe, mas nunca havia provado caviar e achou que era a hora certa para experimentar. Sempre que podia, Vinicius conhecia pratos novos.

Nas viagens de Vinicius a Portugal, ele sempre pedia pratos diferentes, mas o bacalhau, como símbolo da gastronomia portuguesa, não podia faltar.

bacalhau à brás

receita preparada pelo chef Vitor Sobral

INGREDIENTES

100 g de BACALHAU demolhado
500 g de BATATAS cortadas em palha
ÓLEO VEGETAL suficiente para fritar as batatas
500 ml de AZEITE DE OLIVA extra virgem
200 g de CEBOLAS em rodelas
1 dente de ALHO picado
8 OVOS
SAL MARINHO
PIMENTA-DO-REINO moída na hora a gosto
SALSINHA fresca picada a gosto
AZEITONAS PRETAS a gosto

PREPARO

1 Tire a pele e as espinhas do bacalhau e desfie-o com as mãos.

2 À parte, frite as batatas em óleo bem quente, só até alourarem ligeiramente. Deixe que escorram em papel absorvente.

3 Nesse meio-tempo, leve ao fogo baixo uma frigideira grande e larga, de fundo grosso. Acrescente o azeite, a cebola e o alho, e deixe que refoguem lentamente até a cebola murchar.

4 Nessa altura, junte o bacalhau desfiado e mexa com uma colher de pau para que ele fique bem impregnado de azeite.

5 Em seguida, adicione as batatas e os ovos ligeiramente batidos, e tempere com sal e pimenta. Mexa com um garfo e, logo que os ovos estejam em creme, mas cozidos, retire do fogo.

6 Transfira o bacalhau para uma travessa e polvilhe com salsa picada.

7 Sirva bem quente, acompanhado de azeitonas pretas.

2 PORÇÕES / 45 MINUTOS

Vinicius, em viagem para visitar a filha Susana, provou cuscuz de cordeiro e ficou fascinado pelos aromas e sabores intrigantes. Queria sempre degustá-lo novamente, a cada vez com uma preparação e especiarias diferentes. O *couscous* é o prato nacional do Marrocos, e as versões mais apimentadas da receita são encontradas na Argélia e na Tunísia, enquanto a variação francesa é mais suave. Sete é a quantidade tradicional de legumes usados nesta receita, um número de boa sorte. Representam os elementos essenciais para a felicidade — paz, amor, saúde, prosperidade, alegria, amizade e família. O importante é escolher legumes da estação. Monte a combinação que preferir, respeitando o tempo de cozimento de cada legume.

couscous com cordeiro ensopado e sete legumes

INGREDIENTES

1,5 kg de CARNE DE CORDEIRO em pedaços (paleta, lombo ou pernil)
500 g de GRÃO-DE-BICO (deixe de molho pelo menos por 1 hora)
2 CEBOLAS grandes em rodelas grossas
3 dentes de ALHO picados
½ colher (chá) de CÚRCUMA EM PÓ (açafrão-da-terra)
2 colheres (chá) de CANELA EM PÓ
1 colher (chá) de PÁPRICA (opcional)
1 colher (chá) de PIMENTA-DE-CAIENA ou 1 pimenta dedo-de-moça picada
½ colher (chá) de GENGIBRE EM PÓ
SAL a gosto
225 g de UVAS-PASSAS
1 maço de SALSINHA picado
1 maço de COENTRO picado
4 colheres (sopa) de ÓLEO VEGETAL

7 LEGUMES (à sua escolha)
500 g de CENOURAS cortadas ao meio, longitudinalmente
500 g de BATATAS pequenas
6 corações de ALCACHOFRA
2 BERINJELAS cortadas em 4 pedaços
500 g de FEIJÃO-FAVA fresco descascado
4 TOMATES cortados em 4 partes
500 g de ABÓBORA VERMELHA ou moranga cortada à bretonne (cubos de 2 cm)

PREPARO

1 Limpe a carne de cordeiro, retirando o máximo de gordura possível.
2 Ponha a carne, o grão-de-bico e 3 litros de água em uma panela grande, ou na parte de baixo de um cuscuzeiro. Leve ao fogo e, durante o cozimento, vá retirando a espuma à medida que subir à superfície.
3 Acrescente a cebola, o alho, o cúrcuma, a canela, a páprica, a pimenta e o gengibre e deixe ferver por 1 hora. Quando o grão-de-bico estiver macio, junte sal.
4 Adicione as cenouras, as batatas, os corações de alcachofra e a berinjela, e cozinhe por 20 minutos.
5 Junte as uvas-passas e o feijão-fava, e ferva por mais 10 minutos.

6 Coloque os tomates e a abóbora, e deixe cozinhar por 5 minutos.
7 Por último, coloque as ervas frescas e mantenha no fogo por mais 5 minutos.
8 Enquanto os legumes cozinham, prepare o couscous segundo as instruções da embalagem.
9 Após o preparo, ponha o couscous em uma travessa grande e, com ajuda de um garfo, misture o óleo diluído em um pouco do caldo do cozimento.
10 Monte o prato em uma grande travessa: coloque o couscous formando um monte com uma cavidade no centro. Arrume os pedaços de carne nessa cavidade e os legumes ao redor. Sirva o caldo separadamente.

10 PORÇÕES / 1H20 (MAIS O TEMPO DE DESCANSO)

receitas da obra

as coisas que mais gosto

É comum encontrar nos textos de Vinicius de Moraes referências aos pratos que mais apreciava, deixando evidente a importância que sempre deu a uma comida bem preparada. Ele disse, por exemplo, que para viver um grande amor conta ponto saber fazer coisinhas como um tutuzinho com torresmo, ovos mexidos, camarões, sopinhas, molhos, estrogonofes ou uma galinha com uma rica, e gostosa, farofinha.

Também percebia numa mulher "um desejo súbito de alcachofras" e indicava aos amigos "uma boa comida roceira, bem calçada por pirão de milho", ou, para se esbaldar aos domingos, "aveludadas e opulentas feijoadas e moquecas, rabadas, cozidos, peixadas à moda, vatapás e quantos". Nas sete receitas seguintes, chefs de renome interpretam textos antológicos de Vinicius, numa combinação saborosa de poesia e culinária.

Poema publicado na *Nova Antologia Poética* (São Paulo: Companhia das Letras, 2008)

receita de mulher

As muito feias que me perdoem
Mas beleza é fundamental. É preciso
Que haja qualquer coisa de flor em tudo isso
Qualquer coisa de dança, qualquer coisa de *haute couture*
Em tudo isso (ou então
Que a mulher se socialize elegantemente em azul, como na República Popular Chinesa).
Não há meio-termo possível. É preciso
Que tudo isso seja belo. É preciso que súbito
Tenha-se a impressão de ver uma garça apenas pousada e que um rosto
Adquira de vez em quando essa cor só encontrável no terceiro minuto da aurora.
É preciso que tudo isso seja sem ser, mas que se reflita e desabroche
No olhar dos homens. É preciso, é absolutamente preciso
Que seja tudo belo e inesperado. É preciso que umas pálpebras cerradas
Lembrem um verso de Éluard e que se acaricie nuns braços
Alguma coisa além da carne: que se os toque
Como no âmbar de uma tarde. Ah, deixai-me dizer-vos
Que é preciso que a mulher que ali está como a corola ante o pássaro
Seja bela ou tenha pelo menos um rosto que lembre um templo e
Seja leve como um resto de nuvem: mas que seja uma nuvem
Com olhos e nádegas. Nádegas é importantíssimo. Olhos então
Nem se fala, que olhe com certa maldade inocente. Uma boca
Fresca (nunca úmida!) é também de extrema pertinência.
É preciso que as extremidades sejam magras; que uns ossos
Despontem, sobretudo a rótula no cruzar das pernas, e as pontas pélvicas
No enlaçar de uma cintura semovente.
Gravíssimo é porém o problema das saboneteiras: uma mulher sem saboneteiras
É como um rio sem pontes. Indispensável
Que haja uma hipótese de barriguinha, e em seguida
A mulher se alteie em cálice, e que seus seios
Sejam uma expressão greco-romana, mais que gótica ou barroca
E possam iluminar o escuro com uma capacidade mínima de cinco velas.
Sobremodo pertinaz é estarem a caveira e a coluna vertebral

Levemente à mostra; e que exista um grande latifúndio dorsal!
Os membros que terminem como hastes, mas que haja um certo volume de coxas
E que elas sejam lisas, lisas como a pétala e cobertas de suavíssima penugem
No entanto, sensível à carícia em sentido contrário.
É aconselhável na axila uma doce relva com aroma próprio
Apenas sensível (um mínimo de produtos farmacêuticos!).
Preferíveis sem dúvida os pescoços longos
De forma que a cabeça dê por vezes a impressão
De nada ter a ver com o corpo, e a mulher não lembre
Flores sem mistério. Pés e mãos devem conter elementos góticos
Discretos. A pele deve ser fresca nas mãos, nos braços, no dorso e na face
Mas que as concavidades e reentrâncias tenham uma temperatura nunca inferior
A 37 graus centígrados, podendo eventualmente provocar queimaduras
Do primeiro grau. Os olhos, que sejam de preferência grandes
E de rotação pelo menos tão lenta quanto a da Terra; e
Que se coloquem sempre para lá de um invisível muro de paixão
Que é preciso ultrapassar. Que a mulher seja em princípio alta
Ou, caso baixa, que tenha a atitude mental dos altos píncaros.
Ah, que a mulher dê sempre a impressão de que se fechar os olhos
Ao abri-los ela não estará mais presente
Com seu sorriso e suas tramas. Que ela surja, não venha; parta, não vá
E que possua uma certa capacidade de emudecer subitamente e nos fazer beber
O fel da dúvida. Oh, sobretudo
Que ela não perca nunca, não importa em que mundo
Não importa em que circunstâncias, a sua infinita volubilidade
De pássaro; e que acariciada no fundo de si mesma
Transforme-se em fera sem perder sua graça de ave; e que exale sempre
O impossível perfume; e destile sempre
O embriagante mel; e cante sempre o inaudível canto
Da sua combustão; e não deixe de ser nunca a eterna dançarina
Do efêmero; e em sua incalculável imperfeição
Constitua a coisa mais bela e mais perfeita de toda a criação inumerável.

ravióli crocante de banana ao maracujá e sorbet de tangerina

receitas preparadas pelo chef Alex Atala

ravióli de banana

INGREDIENTES

RECHEIO
150 g de AÇÚCAR
18 BANANAS-NANICAS
1 pitada de CANELA EM PÓ
CALDA DE MARACUJÁ (veja receita ao lado)

PARA A MONTAGEM
1 caixa de MASSA FRESCA PARA ROLINHO
    PRIMAVERA (harumaki)
2 CLARAS DE OVO para fechar os raviólis
MANTEIGA CLARIFICADA (veja receita ao lado)

PREPARO

RECHEIO
Em uma frigideira larga, de inox, coloque o açúcar e leve ao fogo baixo para caramelizar. Acrescente as bananas cortadas em quadradinhos e uma pitada de canela. Mexa sempre, até que as bananas desmanchem. Retire do fogo e leve à geladeira.

MONTAGEM
1 Preaqueça o forno em temperatura média (180°C).
2 Corte as folhas de massa em quadrados de 7,5 cm. Coloque o recheio no centro da massa e pincele a borda com as claras ligeiramente batidas. Para fechar, dobre a massa de modo que lembre cappelletti.
3 Disponha os raviólis em uma assadeira untada com manteiga clarificada e pincele-os com um pouco mais de manteiga.
4 Leve ao forno e asse por 5 minutos ou até que fiquem dourados.
5 Disponha os raviólis quentes no prato, cubra com a calda de maracujá e coloque o sorbet de tangerina (veja p. 261) ao lado. Para decorar, faça riscos, por cima, com canela em pó e toffee (veja receita ao lado).

200 RAVIÓLIS / 2 HORAS

calda de maracujá

INGREDIENTES

1 kg de POLPA DE MARACUJÁ
100 g de AÇÚCAR
100 ml de ÁGUA
100 ml de SUCO DE MARACUJÁ CONCENTRADO

PREPARO

Misture todos os ingredientes em uma panela de fundo grosso e leve ao fogo muito baixo até formar uma calda grossa.

manteiga clarificada

INGREDIENTES

1 kg de MANTEIGA INTEGRAL

PREPARO

Leve a manteiga ao fogo baixo. Após 20 minutos, comece a retirar, com o auxílio de uma escumadeira, a espuma que se formar na superfície. Espere alguns minutos até que se forme mais espuma e continue escumando, até obter uma manteiga límpida. O processo demora aproximadamente 1 hora. Coe e reserve. (O processo de clarificação consiste na retirada dos componentes lácteos da manteiga, o que proporciona maior resistência a altas temperaturas.)

toffee

INGREDIENTES

600 g de AÇÚCAR
400 g de CREME DE LEITE

PREPARO

Em uma frigideira grande, coloque o açúcar. Leve ao fogo baixo até formar um caramelo. Desligue o fogo e acrescente o creme de leite. Leve novamente ao fogo e deixe ferver por aproximadamente 1 minuto.

crocante de castanha de caju

INGREDIENTES

100 g de CASTANHAS DE CAJU cortadas grosseiramente (em pedaços pequenos)
50 g de AÇÚCAR

PREPARO

Misture todos os ingredientes em uma panela pequena. Leve ao fogo baixo, mexendo sempre, até que as castanhas fiquem crocantes e levemente douradas. O açúcar não deve caramelizar.

sorbet de tangerina

INGREDIENTES

480 ml de POLPA DE TANGERINA CONCENTRADA
900 ml de ÁGUA
3 CLARAS

PREPARO

Em um recipiente, misture bem todos os ingredientes e leve para congelar. Depois de congelada, bata a mistura muito rapidamente com um mixer e torne a levá-la ao congelador, para firmar. Repita esse procedimento até a mistura adquirir a consistência de um sorbet. (O chef Alex Atala indica bater a mistura em uma máquina especial para emulsionar. Como alternativa para a cozinha doméstica, sugere-se utilizar ou um mixer de mão, pulsionando a mistura as poucos, ou um processador de alimentos. Esse processo deve ser rápido para o sorbet não derreter.)

Poesia publicada em *Para viver um grande amor* (São Paulo: Companhia das Letras, 2010)

o amor dos homens

Na árvore em frente
Eu terei mandado instalar um alto-falante com que os passarinhos
Amplifiquem seus alegres cantos para o teu lânguido despertar.
Acordarás feliz sob o lençol de linho antigo
Com um raio de sol a brincar no talvegue de teus seios
E me darás a boca em flor; minhas mãos amantes
Te buscarão longamente e tu virás de longe, amiga
Do fundo do teu ser de sono e plumas
Para me receber; nossa fruição
Será serena e tarda, repousarei em ti
Como o homem sobre o seu túmulo, pois nada
Haverá fora de nós. Nosso amor será simples e sem tempo.
Depois saudaremos a claridade. Tu dirás
Bom dia ao teto que nos abriga
E ao espelho que recolhe a tua rápida nudez.
Em seguida teremos fome: haverá chá-da-índia
Para matar a nossa sede e mel
Para adoçar o nosso pão. Satisfeitos, ficaremos
Como dois irmãos que se amam além do sangue
E fumaremos juntos o nosso primeiro cigarro matutino.
Só então nos separaremos. Tu me perguntarás
E eu te responderei, a olhar com ternura as minhas pernas
Que o amor pacificou, lembrando-me que elas andaram muitas léguas de mulher
Até te descobrir. Pensarei que tu és a flor extrema
Dessa desesperada minha busca; que em ti
Fez-se a unidade. De repente, ficarei triste
E solitário como um homem, vagamente atento
Aos ruídos longínquos da cidade, enquanto te atarefas absurda
No teu cotidiano, perdida, ah tão perdida
De mim. Sentirei alguma coisa que se fecha no meu peito
Como pesada porta. Terei ciúme
Da luz que te configura e de ti mesma

Que te deixas viver, quando deveras
Seguir comigo como a jovem árvore na corrente de um rio
Em demanda do abismo. Vem-me a angústia
Do limite que nos antagoniza. Vejo a redoma de ar
Que te circunda — o espaço
Que separa os nossos tempos. Tua forma
É outra: bela demais, talvez, para poder
Ser totalmente minha. Tua respiração
Obedece a um ritmo diverso. Tu és mulher.
Tu tens seios, lágrimas e pétalas. À tua volta
O ar se faz aroma. Fora de mim
És pura imagem; em mim
És como um pássaro que eu subjugo, como um pão
Que eu mastigo, como uma secreta fonte entreaberta
Em que bebo, como um resto de nuvem
Sobre que me repouso. Mas nada
Consegue arrancar-te à tua obstinação
Em ser, fora de mim — e eu sofro, amada
De não me seres mais. Mas tudo é nada.
Olho de súbito tua face, onde há gravada
Toda a história da vida, teu corpo
Rompendo em flores, teu ventre
Fértil. Move-te
Uma infinita paciência. Na concha do teu sexo
Estou eu, meus poemas, minhas dores
Minhas ressurreições. Teus seios
São cântaros de leite com que matas
A fome universal. És mulher
Como folha, como flor e como fruto
E eu sou apenas só. Escravizado em ti
Despeço-me de mim, sigo caminhando à tua grande
Pequenina sombra. Vou ver-te tomar banho
Lavar de ti o que restou do nosso amor
Enquanto busco em minha mente algo que te dizer
De estupefaciente. Mas tudo é nada.
São teus gestos que falam, a contração
Dos lábios de maneira a esticar melhor a pele
Para passar o creme, a boca
Levemente entreaberta com que mistificar melhor a eterna imagem
No eterno espelho. E então, desesperado
Parto de ti, sou caçador de tigres em Bengala
Alpinista no Tibet, monje em Cintra, espeleólogo
Na Patagônia. Passo três meses
Numa jangada em pleno oceano para
Provar a origem polinésica dos maias. Alimento-me
De plancto, converso com as gaivotas, deito ao mar poesia engarrafada, acabo

Naufragando nas costas de Antofagasta. *Time*, *Life* e *Paris-Match*
Dedicam-me enormes reportagens. Fazem-me
O "Homem do Ano" e candidato certo ao Prêmio Nobel.
Mas eis comes um pêssego. Teu lábio
Inferior dobra-se sob a polpa, o suco
Escorre pelo teu queixo, cai uma gota no teu seio
E tu te ris. Teu riso
Desagrega os átomos. O espelho pulveriza-se, funde-se o cano de descarga
Quantidades insuspeitadas de estrôncio-90
Acumulam-se nas camadas superiores do banheiro
Só os genes de meus tataranetos poderão dar prova cabal de tua imensa
Radioatividade. Tu te ris, amiga
E me beijas sabendo a pêssego. E eu te amo
De morrer. Interiormente
Procuro afastar meus receios: "Não, ela me ama…"
Digo-me, para me convencer, enquanto sinto
Teus seios despontarem em minhas mãos
E se crisparem tuas nádegas. Queres ficar grávida
Imediatamente. Há em ti um desejo súbito de alcachofras. Desejarias
Fazer o parto-sem-dor à luz da teoria dos reflexos condicionados
De Pávlov. Depois, sorrindo
Silencias. Odeio o teu silêncio
Que não me pertence, que não é
De ninguém: teu silêncio
Povoado de memórias. Esbofeteio-te
E vou correndo cortar o pulso com gilete-azul; meu sangue
Flui como um pedido de perdão. Abres tua caixa de costura
E coses com linha amarela o meu pulso abandonado, que é para
Combinar bem as cores; em seguida
Fazes-me sugar tua carótida, numa longa, lenta
Transfusão. Eu convalescente
Começas a sair: foste ao cabeleireiro. Perscruto em tua face. Sinto-me
Traído, delinquescente, em ponto de lágrimas. Mas te aproximas
Só com o casaco do pijama e pousas
Minha mão na tua perna. E então eu canto:
Tu és a mulher amada: destrói-me! Tua beleza
Corrói minha carne como um ácido! Teu signo
É o da destruição! Nada resta
Depois de ti senão ruínas! Tu és o sentimento
De todo o meu inútil, a causa
De minha intolerável permanência! Tu és
Uma contrafação da aurora! Amor, amada
Abençoada sejas: tu e a tua
Impassibilidade. Abençoada sejas
Tu que crias a vertigem na calma, a calma
No seio da paixão. Bendita sejas

Tu que deixas o homem nu diante de si mesmo, que arrasas
Os alicerces do cotidiano. Mágica é tua face
Dentro da grande treva da existência. Sim, mágica
É a face da que não quer senão o abismo
Do ser amado. Exista ela para desmentir
A falsa mulher, a que se veste de inúteis panos
E inúteis danos. Possa ela, cada dia
Renovar o tempo, transformar
Uma hora num minuto. Seja ela
A que nega toda a vaidade, a que constrói
Todo o silêncio. Caminhe ela
Lado a lado do homem em sua antiga, solitária marcha
Para o desconhecido — esse eterno par
Com que começa e finda o mundo — ela que agora
Longe de mim, perto de mim, vivendo
Da constante presença da minha saudade
É mais do que nunca a minha amada: a minha amada e a minha amiga
A que me cobre de óleos santos e é portadora dos meus cantos
A minha amiga nunca superável
A minha inseparável inimiga.

desejo súbito de alcachofras, um risoto

receita preparada pela chef Flávia Quaresma

INGREDIENTES

34 MINIALCACHOFRAS
suco de ½ LIMÃO-SICILIANO
SAL e PIMENTA-DO-REINO BRANCA moída na hora
34 MINICOGUMELOS SHIITAKE
40 ml de AZEITE DE OLIVA extra virgem

PRIMEIRA PARTE DO RISOTO
300 ml de CALDO DE LEGUMES
40 ml de AZEITE DE OLIVA extra virgem
60 g de CEBOLA picadinha
250 g de ARROZ ARBORIO
250 ml de VINHO BRANCO SECO

SEGUNDA PARTE DO RISOTO
1,2 litro de CALDO DE LEGUMES
2 colheres (sopa) de folhas de TOMILHO fresco
120 g de QUEIJO TIPO GRANA PADANO
SAL e PIMENTA-DO-REINO BRANCA a gosto
28 MINIALCACHOFRAS cozidas
28 MINICOGUMELOS SHIITAKE salteados
60 g de AZEITE DE OLIVA extra virgem
raspas da casca de ½ LIMÃO-SICILIANO

FINALIZAÇÃO
6 MINIALCACHOFRAS cozidas, cortadas
    ao meio e grelhadas em azeite de oliva
6 MINICOGUMELOS SHIITAKE cortados
    ao meio e salteados em azeite de oliva
12 CASTANHAS-DO-PARÁ sem pele, levemente
    tostadas no forno em lâminas finas
BROTOS DE AGRIÃO para decorar

4 PORÇÕES / 40 MINUTOS

PREPARO

1 Limpe as minialcachofras, retirando as folhas externas mais duras e deixando apenas a parte tenra. Torneie as minialcachofras com uma faquinha, retirando o equivalente a um dedo aproximadamente. Corte as pontas e mergulhe-as imediatamente em uma vasilha com água e suco de limão, para não escurecerem.

2 Leve uma panela grande com água ao fogo até ferver. Adicione sal e coloque as alcachofras para que cozinhem por aproximadamente 12 minutos. Escorra bem e mergulhe as alcachofras em uma tigela com água gelada. Após alguns minutos, escorra novamente. Reserve 28 alcachofras inteiras. Corte as 6 alcachofras restantes ao meio e grelhe-as em uma frigideira antiaderente com azeite de oliva até dourar.

3 Retire o cabo de 28 minicogumelos shiitake. Corte o finalzinho do cabo de 6 minicogumelos shiitake e corte-os ao meio. Aqueça parte do azeite de oliva em uma frigideira antiaderente e salteie os cogumelos. Reserve.

PRIMEIRA PARTE DO RISOTO

Aqueça o caldo de legumes. Refogue a cebola no azeite de oliva até que murche. Acrescente o arroz arborio, refogue bem e adicione o vinho branco, mexendo muito bem. Em seguida, coloque pouco a pouco o caldo de legumes quente, mexendo energicamente até que evapore. Transfira o risoto para uma assadeira e, com o auxílio de uma espátula, faça riscos separando os grãos, para que o ar entre mais facilmente, o arroz esfrie logo e o cozimento cesse.

SEGUNDA PARTE DO RISOTO

Aqueça o caldo de legumes. Coloque a primeira parte do risoto em uma panela e leve-a ao fogo com um pouquinho de caldo de legumes quente. Acrescente as folhinhas de tomilho, mexa bem o risoto e pouco a pouco vá adicionando o caldo de legumes quente restante. Acrescente o queijo grana padano, tempere com pimenta-do-reino branca e acerte o sal. Quando o arroz estiver praticamente no ponto, adicione as minialcachofras inteiras e os minicogumelos shiitake inteiros. Continue mexendo e adicionando o caldo quente até o arroz ficar al dente. Aqueça as minalcachofras cortadas ao meio e grelhadas e os minicogumelos shiitake cortados ao meio e salteados. Retire o risoto do fogo e acrescente o azeite de oliva e as raspas de limão-siciliano, mexendo bem. Coloque o risoto num prato fundo e finalize centralizando as minialcachofras e os minicogumelos shiitake reservados. Polvilhe com um pouco de castanhas-do-pará em lâminas e sirva imediatamente.

Texto publicado em *Para viver um grande amor* (São Paulo: Companhia das Letras, 2010)

para viver um grande amor

Para viver um grande amor, preciso é muita concentração e muito siso, muita seriedade e pouco riso — para viver um grande amor.

Para viver um grande amor, mister é ser um homem de uma só mulher; pois ser de muitas, poxa! é de colher... — não tem nenhum valor.

Para viver um grande amor, primeiro é preciso sagrar-se cavalheiro e ser de sua dama por inteiro — seja lá como for. Há que fazer do corpo uma morada onde clausure-se a mulher amada e postar-se de fora com uma espada — para viver um grande amor.

Para viver um grande amor, vos digo, é preciso atenção com o "velho amigo", que porque é só vos quer sempre consigo para iludir o grande amor. É preciso muitíssimo cuidado com quem quer que não esteja apaixonado, pois quem não está, está sempre preparado pra chatear o grande amor.

Para viver um grande amor, na realidade, há que compenetrar-se da verdade de que não existe amor sem fieldade — para viver um grande amor. Pois quem trai seu amor por vanidade é um desconhecedor da liberdade, dessa imensa, indizível liberdade que traz um só amor.

Para viver um grande amor, *il faut*, além de fiel, ser bem conhecedor de arte culinária e de judô — para viver um grande amor.

Para viver um grande amor perfeito, não basta ser apenas bom sujeito; é preciso também ter muito peito — peito de remador. É preciso olhar sempre a bem-amada como a sua primeira namorada e sua viúva também, amortalhada no seu finado amor.

É muito necessário ter em vista um crédito de rosas no florista — muito mais, muito mais que na modista! — para aprazer ao grande amor. Pois do que o grande amor quer saber mesmo, é de amor, é de amor, de amor a esmo; depois, um tutuzinho com torresmo conta ponto a favor...

Conta ponto saber fazer coisinhas: ovos mexidos, camarões, sopinhas, molhos, estrogonofes — comidinhas para depois do amor. E o que há de melhor que ir pra cozinha e preparar com amor uma galinha com uma rica, e gostosa, farofinha, para o seu grande amor?

Para viver um grande amor é muito, muito importante viver sempre junto e até ser, se possível, um só defunto — pra não morrer de dor. É preciso um cuidado permanente não só com o corpo mas também com a mente, pois qualquer "baixo" seu, a amada sente — e esfria um pouco o amor. Há que ser bem cortês sem cortesia; doce e conciliador sem covardia; saber ganhar dinheiro com poesia — para viver um grande amor.

É preciso saber tomar uísque (com o mau bebedor nunca se arrisque!) e ser impermeável ao diz que diz que — que não quer nada com o amor.

Mas tudo isso não adianta nada, se nesta selva oscura e desvairada não se souber achar a bem-amada — para viver um grande amor.

galinha com uma rica, e gostosa, farofinha

receita preparada pelo chef Claude Troisgros

poule au pot

INGREDIENTES

4 colheres (sopa) de MANTEIGA
2 colheres (sopa) de CEBOLA em cubinhos
2 dentes de ALHO picados
1 CORAÇÃO e 1 FÍGADO DE FRANGO picados
SAL e PIMENTA-DO-REINO a gosto
1 ALHO-PORÓ fatiado
1 CENOURA em cubinhos
1 PIMENTA DEDO-DE-MOÇA
1 talo de AIPO (salsão) em cubinhos
2 xícaras (chá) de ARROZ BRANCO COZIDO al dente (200 g)
CEBOLINHA-FRANCESA (ciboulette), COENTRO, SALSA, ESTRAGÃO
1 PALMITO PUPUNHA em cubinhos
5 COGUMELOS-DE-PARIS em cubinhos
1 FRANGO CAIPIRA DESOSSADO (reserve os ossos para o caldo)
AZEITE DE TRUFAS BRANCAS
ramos de TOMILHO e de ALECRIM FRESCO para decorar

PREPARO

1 Primeiro, em uma panela, ponha 1 colher (sopa) da manteiga e refogue a cebola e o alho.
2 Junte o coração e o fígado picados e tempere com sal e pimenta.
3 Coloque os demais legumes (exceto o palmito pupunha e os cogumelos), refogue mais um pouco e junte o arroz cozido.
4 Retire e transfira para uma vasilha e acrescente as ervas, o palmito pupunha, os cogumelos e o restante da manteiga. Reserve.
5 Tempere o frango caipira com sal e pimenta. Recheie com o refogado de arroz (reserve o que sobrar para servir) e amarre com barbante de cozinha para fechar.
6 Em uma panela, ponha o frango com o peito voltado para baixo. Cubra com água e deixe cozinhar, em pequena ebulição, por 45 minutos. Desligue o fogo e deixe tampado por mais 15 minutos.
7 Retire o frango e, se o caldo não estiver suficientemente concentrado, leve-o ao fogo até se reduzir à metade.
8 Ao servir, ponha o arroz reservado em um prato fundo e disponha em cima as coxas e as fatias de peito.
9 Regue com bastante caldo e azeite de trufas, e decore com um raminho de tomilho e de alecrim. Coloque o restante do caldo em uma molheira e sirva o prato acompanhado de uma farofinha.

2 PORÇÕES GENEROSAS / 2 HORAS

caldo de frango

INGREDIENTES

OSSOS DE 1 FRANGO INTEIRO
1 CEBOLA picada
2 CENOURAS picadas
2 talos de AIPO picados
2 ALHOS-PORÓS picados
4 CRAVOS-DA-ÍNDIA
1 cabeça de ALHO picada
2 colheres (chá) de SAL GROSSO
1 BOUQUET GARNI (amarradinho de ervas frescas composto de tomilho, louro, alecrim e salsa, por exemplo)
1 colher (chá) de SAL

PREPARO

1 Lave bem os ossos, coloque-os em uma panela, acrescente o restante dos ingredientes e cubra com 3 litros de água fria. Leve ao fogo baixo e cozinhe por 45 minutos, ou, se o caldo não estiver suficientemente concentrado, até que se reduza à metade.

farofa de castanha de caju

INGREDIENTES

150 g de MANTEIGA
½ CEBOLA picada grosso
1 dente de ALHO picado
80 g de CASTANHAS DE CAJU picadas
200 g de PANKO (farinha de pão japonesa) ou farinha de mandioca
SALSINHA picada a gosto
SAL e PIMENTA-DO-REINO a gosto

PREPARO

Leve ao fogo baixo uma frigideira de fundo grosso. Adicione a manteiga e, assim que derreter, refogue a cebola e o alho. Junte as castanhas de caju e o panko e deixe tostar, mexendo constantemente. Acrescente a salsa picada e tempere com sal e pimenta. Sirva quente.

Crônica publicada em *Para uma menina com uma flor* (São Paulo: Companhia das Letras, 2009)

para uma menina com uma flor

Porque você é uma menina com uma flor e tem uma voz que não sai, eu lhe prometo amor eterno, salvo se você bater pino, o que, aliás, você não vai nunca porque você acorda tarde, tem um ar recuado e gosta de brigadeiro: quero dizer, o doce feito com leite condensado.

E porque você é uma menina com uma flor e chorou na estação de Roma porque nossas malas seguiram sozinhas para Paris e você ficou morrendo de pena delas partindo assim no meio de todas aquelas malas estrangeiras. E porque você quando sonha que eu estou passando você para trás, transfere sua DDC para o meu cotidiano, e implica comigo o dia inteiro como se eu tivesse culpa de você ser assim tão subliminar. E porque quando você começou a gostar de mim procurava saber por todos os modos com que camisa esporte eu ia sair para fazer mimetismo de amor, se vestindo parecido. E porque você tem um rosto que está sempre num nicho, mesmo quando põe o cabelo para cima, como uma santa moderna, e anda lento, a fala em 33 rotações, mas sem ficar chata. E porque você é uma menina com uma flor, eu lhe predigo muitos anos de felicidade, pelo menos até eu ficar velho: mas só quando eu der aquela paradinha marota para olhar para trás, aí você pode se mandar, eu compreendo.

E porque você é uma menina com uma flor e tem um andar de pajem medieval; e porque você quando canta nem um mosquito ouve a sua voz, e você desafina lindo e logo conserta, e às vezes acorda no meio da noite e fica cantando feito uma maluca. E porque você tem um ursinho chamado Nounouse e fala mal de mim para ele, e ele escuta mas não concorda porque é muito meu chapa, e quando você se sente perdida e sozinha no mundo você se deita agarrada com ele e chora feito uma boba fazendo um bico deste tamanho. E porque você é uma menina que não pisca nunca e seus olhos foram feitos na primeira noite da Criação, e você é capaz de ficar me olhando horas. E porque você é uma menina que tem medo de ver a Cara na Vidraça, e quando eu olho você muito tempo você vai ficando nervosa até eu dizer que estou brincando. E porque você é uma menina com uma flor e cativou meu coração e adora purê de batata, eu lhe peço que me sagre seu Constante e Fiel Cavalheiro.

E sendo você uma menina com uma flor, eu lhe peço também que nunca mais me deixe sozinho, como nesse último mês em Paris; fica tudo uma rua silenciosa e escura que não vai dar em lugar nenhum; os móveis ficam parados me olhando com pena; é um vazio tão grande que as outras mulheres nem ousam me amar porque dariam tudo para ter um poeta penando assim por elas, a mão no queixo, a perna cruzada triste e aquele olhar que não vê. E porque você é a única menina com uma flor que eu conheço, eu escrevi uma canção tão bonita para você, "Minha namorada", a fim de que, quando eu morrer, você, se por acaso não morrer também, fique deitadinha abraçada com Nounouse, cantando sem voz aquele pedaço em que eu digo que você tem de ser a estrela derradeira, minha amiga e companheira, no infinito de nós dois.

E já que você é uma menina com uma flor e eu estou vendo você subir agora — tão purinha entre as marias-sem-vergonha — a ladeira que traz ao nosso chalé, aqui nestas montanhas recortadas pela mão presciente de Guignard; e o meu coração, como quando você me disse que me amava, põe-se a bater cada vez mais depressa. E porque eu me levanto para recolher você no meu abraço, e o mato à nossa volta se faz murmuroso e se enche de vaga-lumes enquanto a noite desce com seus segredos, suas mortes, seus espantos — eu sei, ah, eu sei que o meu amor por você é feito de todos os amores que eu já tive, e você é a filha dileta de todas as mulheres que eu amei; e que todas as mulheres que eu amei, como tristes estátuas ao longo da aleia de um jardim noturno, foram passando você de mão em mão, de mão em mão até mim, cuspindo no seu rosto e enfeitando a sua fronte de grinaldas; foram passando você até mim entre cantos, súplicas e vociferações — porque você é linda, porque você é meiga e sobretudo porque você é uma menina com uma flor.

INGREDIENTES

1 lata de LEITE CONDENSADO
1 colher (sopa) de MANTEIGA SEM SAL
4 colheres (sopa) de CHOCOLATE EM PÓ
CHOCOLATE GRANULADO para enfeitar as bolinhas

PREPARO

1 Coloque em uma panela funda o leite condensado, a manteiga e o chocolate em pó. Leve ao fogo
médio e cozinhe, mexendo sem parar com uma colher de pau, até que a massa de brigadeiro comece
a desgrudar da panela.
2 Retire do fogo, deixe esfriar bem, unte as mãos
com manteiga e enrole as bolinhas. Por último, passe-as no chocolate granulado.
3 Sirva em forminhas de papel.

40 BRIGADEIROS / 40 MINUTOS

brigadeiro: quero dizer,
o doce feito com leite condensado

Trecho de crônica publicada em *Para uma menina com uma flor* (São Paulo: Companhia das Letras, 2009)

amigos meus

"Pelo bem que me quereis, amigos meus, não vos deixeis morrer. Comprai vossas varas, vossos anzóis, vossos molinetes e andai à Barra em vossos fuscas a pescar, a pescar, amigos meus! — que, se for para engordar a isca da morte, eu vos perdoarei de estardes matando peixinhos que não vos fizeram nenhum mal. ... Tomai então uma ducha fria e almoçai boa comida roceira, bem calçada por pirão de milho. O milho era o sustentáculo das civilizações índias do Pacífico, e possuía status divino, não vos esqueçais! Não abuseis da carne de porco, nem dos ovos, nem das frituras, nem das massas. Mantende, se tiverdes mais de cinquenta anos, uma dieta relativa durante a semana a fim de que vos possais esbaldar nos domingos com aveludadas e opulentas feijoadas e moquecas, rabadas, cozidos, peixadas à moda, vatapás e quantos. Fazei de seis em seis meses um *check up* para ver como andam vossas artérias, vosso coração, vosso fígado.

E amai, amigos meus! Amai em tempo integral, nunca sacrificando ao exercício de outros deveres, este, sagrado, do amor. Amai e bebei uísque. Não digo que bebais em quantidades federais, mas quatro, cinco uísques por dia nunca fizeram mal a ninguém. Amai, porque nada melhor para a saúde que um amor correspondido.

Mas sobretudo não morrais, amigos meus!"

aveludada e opulenta rabada

receita preparada pelo chef Rodrigo Oliveira

INGREDIENTES

1 RABADA completa
30 g de MANTEIGA DE GARRAFA

TEMPERO
2 dentes de ALHO sem casca
3 TOMATES maduros picados
1 CEBOLA picada
1 PIMENTÃO VERMELHO picado
30 g de EXTRATO DE TOMATE
5 g de COLORAU
50 ml de VINAGRE DE MAÇÃ
SEMENTES DE COMINHO, COENTRO e PIMENTA-DO-REINO a gosto
1 folha de LOURO
SAL a gosto

PREPARO

1 Separe a rabada pelas articulações e escalde-a em água fervente por 5 minutos. Descarte a água e leve a carne de volta à panela com água suficiente para cobri-la.

2 Tampe a panela e deixe a carne cozinhar até começar a se desprender dos ossos. Retire-a do caldo e desfie, descartando os ossos.

3 Leve o caldo ao fogo baixo e deixe que reduza até ficar com um terço do volume original.

4 Numa panela de fundo grosso, doure a carne desfiada na manteiga de garrafa.

5 Processe todos os ingredientes do tempero no liquidificador, menos a folha de louro e o sal, e passe o tempero moído por uma peneira.

6 Junte o tempero à rabada na panela e acrescente o caldo reduzido, o louro e um pouco de sal. Leve ao fogo e cozinhe por mais 30 minutos em panela aberta ou até obter um molho encorpado.

7 Acerte o sal e sirva com purê de mandioca, tomatinhos tostados e coentro fresco.

4 PORÇÕES / 3 HORAS

peixada sertaneja

2 PORÇÕES / 40 MINUTOS

INGREDIENTES

4 filés de TILÁPIA (saint peter)
suco de 1 LIMÃO
2 dentes de ALHO
SAL e PIMENTA-DO-REINO a gosto
2 colheres (sopa) de AZEITE DE OLIVA
3 rodelas de BATATA-DOCE
3 pedaços de ABÓBORA (jerimum)
3 xícaras (chá) de ÁGUA
2 xícaras (chá) de LEITE DE COCO
1 xícara (chá) de CEBOLA-ROXA bem picadinha
1 xícara (chá) de TOMATE bem picadinho (com sementes e pele)
1 xícara (chá) de COENTRO fresco bem picadinho (folhas e talos)
2 ramos de CEBOLINHA VERDE bem picadinha

boa comida roceira, bem calçada por pirão de milho

receitas preparadas pela escritora Ana Rita Suassuna

PREPARO

1 Lave os filés de peixe em água com suco de limão. Escorra. Amasse o alho, junte-o com sal, pimenta-do-reino e o azeite. Esfregue essa mistura suavemente em cada filé, coloque--os em uma vasilha tampada e deixe descansar até pegar gosto.

2 Separadamente, cozinhe em água e sal a batata-doce e a abóbora até que estejam al dente. Reserve.

3 Leve ao fogo uma panela com a água. Quando estiver fervendo, junte o leite de coco, uma pitada de sal e todos os temperos que estão picadinhos. Deixe cozinhar em fogo baixo por 15-20 minutos.

4 Coloque então o peixe, a batata-doce e a abóbora e cozinhe em fogo baixo por 10 minutos.

5 Transfira o peixe e os legumes para uma vasilha e regue-os com um pouco do caldo. Reserve-os tampados e aqueça somente na hora de servir.

6 Retire um pouco do caldo e passe-o por uma peneira fina, para servir em copinho de vidro ou xícara de café, como aperitivo.

7 O restante do caldo se destina ao pirão de cuscuz, que poderá ser com ou sem temperos, bastando para isso coar o caldo.

caldo de peixe

INGREDIENTES

300 g de APARAS DE PEIXE (cabeça, rabo e espinhas)
suco de 1 LIMÃO
1 CEBOLA média
2 dentes de ALHO
1 TOMATE grande maduro
2 colheres (sopa) de EXTRATO DE TOMATE
CHEIRO-VERDE
PIMENTA-DE-CHEIRO e COENTRO fresco (opcional)
SAL a gosto

PREPARO

1 Lave bem as aparas e a cabeça do peixe e esfregue com suco de limão.

2 Corte grosseiramente os temperos, coloque-os em uma panela funda e junte 1,5 litro de água.

3 Leve ao fogo baixo e deixe por aproximadamente 40 minutos, ou até o caldo se reduzir à metade. Coe o caldo e utilize-o para preparar o pirão.

pirão de cuscuz

INGREDIENTES

2 xícaras (chá) de FARINHA DE MILHO EM FLOCOS (fubá de milho do tipo flocão)
½ xícara (chá) de ÁGUA
1 colher (café) de SAL

PREPARO

1 Umedeça a farinha de milho com a água temperada com o sal. Deixe descansar por 5 minutos.

2 Coloque água na parte inferior de um cuscuzeiro (ou de uma panela para cozimento a vapor) e, na parte superior, arrume a massa de milho umedecida. Tampe. Leve ao fogo e deixe cozinhar por 15-20 minutos. Retire o cuscuz do cuscuzeiro e esfarele-o com um garfo.

3 Na hora de fazer o pirão, coloque o caldo do peixe em uma panela. Quando levantar fervura, abaixe o fogo e vá polvilhando, devagar, a massa esfarelada do cuscuz, mexendo sem parar até obter a consistência do pirão desejada. Se a opção for por um pirão sem os temperos, o caldo deve ser coado.

Trecho de crônica publicada em *Para uma menina com uma flor* (São Paulo: Companhia das Letras, 2009)

do amor aos bichos

"Já pensastes, apressado leitor, no que seja um ovo: e quando ovo se diz, só pode ser de galinha! É misterioso, útil e belo. Batido, cresce e se transforma em omelete, em bolo. Frito, é a imagem mesma do sol poente: e que gostoso!"

ravióli de gema ao molho
de creme trufado receita preparada pelo chef Renato Carioni

INGREDIENTES

RECHEIO
350 g de RICOTA DE BÚFALA
30 g de QUEIJO PARMESÃO ralado
30 g de CREME DE LEITE
CEBOLINHA VERDE picada, SAL e PIMENTA a gosto
4 GEMAS DE OVO CAIPIRA para colocar no centro do recheio

MASSA
300 g de SEMOLINA
700 g de FARINHA DE TRIGO
4 OVOS BRANCOS
4 OVOS CAIPIRAS

MOLHO (STRACCIATELLA DE TRUFAS)
250 ml de CALDO DE FRANGO
125 ml de CREME DE LEITE FRESCO
25 g de MANTEIGA
SAL e PIMENTA-DO-REINO moída na hora a gosto
50 g de TRUFAS NEGRAS picadas em conserva

PREPARO

1 Misture os ingredientes do recheio, exceto as gemas, e reserve na geladeira.

2 Misture todos os ingredientes da massa e deixe repousar na geladeira por cerca de 1 hora.

3 Passe a massa no cilindro até que fique bem fininha (ou abra-a com um rolo de macarrão).

4 Disponha o recheio, deixando uma cavidade bem no centro, e coloque nela a gema de ovo caipira com muito cuidado, para não estourar. Feche os raviólis sem apertar no centro. Reserve.

5 Aqueça o caldo de frango juntamente com o creme de leite e a manteiga. Acerte o tempero e finalize com as trufas.

6 Em uma frigideira de bordas inclinadas, coloque água suficiente para cobrir os raviólis. Leve ao fogo até ferver. Disponha os raviólis um a um e deixe ferver por 2 minutos. Retire imediatamente da água, deslizando-os para um prato aquecido, já com o molho. Sirva imediatamente.

2 PORÇÕES / 1 HORA

Poema feito na hora, a pedido de João Condé, para a coluna "Os Arquivos Implacáveis", na revista *O Cruzeiro*. Lançado na TV Tupi em 1956.

autorretrato —
vinicius de moraes

Nome: Vinicius. Por quê?
O Quo Vadis, saído em 13
Ano em que também nasci.
Sobrenome: de Moraes
De Pernambuco, Alagoas
E Bahia (que guardo em mim).
Sou carioca da Gávea
Bairro amado, de onde nunca
Deveria ter saído.
Fui, sou e serei casado
E apesar do que se diz
Não me acho tão mau marido.
Filhos: três e um a caminho
Altura: um metro e setenta
Meão, pois. O colarinho
Trinta e nove e o pé quarenta.
Peso: uns bons setenta e três
(Precisam ser reduzidos...)
Dizem-me poeta; diplomata
Eu o sou, e por concurso
Jornalista por prazer
Nisso tenho um grande orgulho
Breve serei cineasta
(Ativo). Sou materialista.
Deito mais tarde que devo
E acordo antes do que gosto.
Fui auxiliar de cartório
Censor cinematográfico
Funcionário (incompetente)
Do Instituto dos Bancários.
Atualmente sou segundo
Secretário de Embaixada.

Formei-me em Direito, mas
Sem nunca ter feito prática.
Infância: pobre mas linda
Tão linda que mesmo longe
Continua em mim ainda.
Prefiro vitrola a rádio
Automóvel a trem, trem
A navio, navio a avião
(De que já tive um desastre).
Se voltasse a vida atrás
Gostaria de ser médico
Pois sou um médico nato.
Minhas frutas prediletas
Por ordem de preferência:
Caju, manga e abacaxi.
Foi com meu pai, Clodoaldo
De Moraes, poeta inédito
Que aprendi a fazer versos
(Um dia furtei-lhe um
Para dar à namorada).
Tinha dezenove anos
Quando estreei com meu livro
"O Caminho para a Distância"
Meu preferido é o último:
"Poema, Sonetos e Baladas".
Toco violão, de ouvido
E faço sambas de bossa
Garoto, lutei "jiu-jítsu"
Razoavelmente. No tiro
Sobretudo em carabina
Sou quase perfeito. As coisas
Que mais detesto: viagens

Gente fiteira, facistas,
Racistas, homem avarento
Ou grosseiro com mulher.
As coisas de que mais gosto:
Mulher, mulher e mulher
(Com prioridade da minha)
Meus filhos e meus amigos.
Ajudo bastante em casa
Pois sou um bom cozinheiro
Moro em Paris, mas não há nada
Como o Rio de Janeiro
Para me fazer feliz
(E infeliz). Desde os sete anos
Venho fazendo versinhos
Gosto muito de beber
E bebo bem (hoje menos
Do que há dez anos atrás).
Minha bebida é o uísque
Com pouca água e muito gelo.
Gosto também de dançar
E creio ser essa coisa
A que chamam de boêmio.
Em Oxford, na Inglaterra
Estudei literatura
Inglesa, o que foi
Para mim fundamental.
Gostaria de morrer
De repente, não mais que
De repente, e se possível
De morte bem natural.
E depois disso, ao amigo
João Condé nada mais digo.

uísque com pouca água
e muito gelo

chefs

ALEX ATALA
RAVIÓLI CROCANTE DE BANANA
AO MARACUJÁ E SORBET DE
TANGERINA (p. 260)
Proprietário e chef do D.O.M,
que figura entre os melhores
restaurantes do mundo, e do Dalva
e Dito, ambos em São Paulo.

ANA RITA SUASSUNA
BOA COMIDA ROCEIRA, BEM CALÇADA
POR PIRÃO DE MILHO (p. 280)
Entusiasta da tradicional comida
sertaneja, é autora do livro *Receitas
que contam histórias* (Melhoramentos,
2010) e coautora de *Sabores
brasileiros* (Boccato, 2011).

CARLOS RIBEIRO
CHEIRO DE BONS-BOCADOS
ASSANDO (p. 69)
Paraibano, divide o tempo entre
as panelas de seu restaurante
Na Cozinha, em São Paulo, o trabalho
como consultor e as aulas de
culinária brasileira para estrangeiros,
que ministra em diversos países.

CAROL BRANDÃO
QUINDINS (p. 86)
Ao lado da parceira e também chef
Carla Pernambuco, é sócia dos
restaurantes Carlota e Las Chicas
e coautora do livro *As doceiras*,
da editora IBEP.

CLAUDE TROIGROS
GALINHA COM UMA RICA,
E GOSTOSA, FAROFINHA (p. 270)
Francês, é chef e proprietário
do restaurante Olympe, no Rio
de Janeiro, e comanda o programa
Que marravilha, no canal GNT.

DANIELA FRANÇA PINTO
MASSA COM FUNGHI, SEM CREME (p. 164)
É proprietária e chef do
restaurante Marcelino Pan y Vino,
na Vila Madalena, São Paulo.
Com sete irmãs, acostumou-se
a ter a casa sempre cheia de
parentes e amigos.

DIANA DE MORAES
TRIO DE SOBREMESAS DA LOPES
QUINTAS (p. 78-9)
Neta de Vinicius (é filha de
Georgiana de Moraes), é sócia
do restaurante OO Café Bistrô,
no Rio de Janeiro.

DULCE SOARES
GALINHA AO MOLHO PARDO,
DE TRASANTEONTEM (p. 89)
Cozinheira especialista em
culinária mineira, dirigiu por
muitos anos o restaurante Xapuri,
em Belo Horizonte.

ELIANE ANDRÉ
DELÍCIAS AU PIED DE COCHON (p. 221)
Comanda a cozinha do restaurante
Casa da Li, na Vila Madalena,
São Paulo.

EMMANUEL BASSOLEIL
PICADINHO A LA CALAVADOS (p. 212)
Chef no restaurante do hotel Unique,
em São Paulo, ganhou inúmeros
prêmios na profissão e publicou
os livros *Uma cozinha sem chef*
e *Sabores da Borgonha*.

ERICK JACQUIN
SOPA DE CEBOLA (p. 207)
Dono do restaurante que leva seu
nome, tem o título de Maître Cuisinier
de France, a mais alta honraria
culinária de seu país.

FLÁVIA QUARESMA
DESEJO SÚBITO DE ALCACHOFRAS,
UM RISOTO (p. 266)
Sócia da empresa de seleção
de produtos Gourmand, no Rio
de Janeiro, é autora dos livros
Saboreando mudanças e *Saúde
em jogo*.

GUSTAVO MILAZZO
TERRINE DE TRUTAS (p. 186)
Chef e proprietário do restaurante
Santo Malte, em Uberlândia (MG).

HELOISA BACELLAR

BISCOITOS DE ARARUTA (p. 38)
Proprietária do armazém e restaurante
Lá da Venda, na Vila Madalena,
São Paulo, é autora dos livros
Cozinhando para amigos (2005),
*Entre panelas e tigelas a aventura
continua – Cozinhando para
amigos 2* (2008), *Bacalhau: receitas e
histórias – Das águas geladas
às caçarolas* (2009) e *Chocolate todo
dia* (2010), todos pela Editora DBA.

JANAÍNA RUEDA

SOPINHA DE FEIJÃO COM MACARRÃO
DE LETRINHAS (p. 147)
Paulistana do Brás, trabalhou nos
extintos Hippopotamus e Gallery,
e em 2008, com o marido Jefferson
Rueda, abriu o bar Dona Onça, no
centro de São Paulo. O cardápio
destaca pratos e petiscos dos anos
1950 com toques contemporâneos.

JEFFERSON RUEDA

FETTUCCINE AL TRIPLO BURRO (p. 232)
Proprietário do Attimo, restaurante
"ítalo-caipira" em São Paulo,
já ganhou prêmios como o Bocuse
d'Or e foi eleito Chef do Ano pela
revista *Prazeres da Mesa*.

LAURENT SUAUDEAU

POULET BASQUAISE (p. 219)
É proprietário da Escola da Arte
Culinária Laurent e autor dos livros
O sabor das estações e *Cartas
a um jovem chef*.

LUIZ EMANUEL

TODOS A LOS CAMARONES (p. 168)
Adepto da cozinha clássica e tradicional
francesa, ganhou em 2006 os prêmios
de Chef Revelação das revistas
Veja São Paulo, *Gula* e *Prazeres da
Mesa*. Em 2006 e 2008, venceu
o Prêmio Paladar, do jornal *O Estado
de S. Paulo*, na categoria Melhor
Comida de Bistrô.

MARCO SOARES

GIGOT D'AGNEAU À MODA DO HOTEL
PLAZA ATHÉNÉE (p. 216)
Depois de 23 anos na Europa,
em cozinhas como a do Plaza Athénée
de Paris, trabalha atualmente no hotel
Unique, em São Paulo.

RAFAEL SESSENTA

CAMARÃO À BAIANA (p. 229)
Conhecido chef de Salvador,
cozinhou para personagens ilustres
como Dorival Caymmi, Jorge Amado
e Zélia Gattai, Pelé, Chacrinha, Carybé
e o poeta Vinicius de Moraes. Hoje
radicado em São Paulo, comanda
o restaurante Sotero.

RENATO CARIONI

RAVIÓLI DE GEMA AO MOLHO
DE CREME TRUFADO (p. 283)
Trabalhou por nove anos em
cozinhas estreladas na Inglaterra,
Itália e França, e hoje comanda
três restaurantes em São Paulo.

RODRIGO OLIVEIRA

AVELUDADA E OPULENTA RABADA
(p. 278)
Responsável pela cozinha
do Mocotó, restaurante paulistano
que derivou da casa de produtos
nordestinos do pai.

SARA BONAMINI

CORDA DI CHITARRA AL TARTUFO
BIANCO (p. 235)
Filha de chef, nasceu em Roma
e, ao lado da jornalista Pina
Sozio, comanda o projeto de
enogastronomia www.foodie.it.

VANESSA SILVA

BOUILLABAISSE COM TODO
O MAR DENTRO (p. 198)
Foi chef no Buddha Bar, em São Paulo,
e atualmente trabalha no restaurante
La Brasserie Erick Jacquin.

VITOR SOBRAL

BACALHAU À BRÁS (p. 252)
Especialista em culinária portuguesa,
foi agraciado com a Comenda
da Ordem do Infante D. Henrique
pelo esforço em preservar e divulgar
a cultura gastronômica de seu país.

**CRÉDITOS DAS FOTOGRAFIAS –
VINICIUS, FAMÍLIA E AMIGOS**

Todos os esforços foram feitos para determinar a origem das imagens deste livro. Nem sempre isso foi possível. Teremos prazer em creditar as fontes, caso se manifestem.

BERWIN/HULTON ARCHIVE/
GETTY IMAGES
p.251 Lisboa

COLEÇÃO OTTO LARA RESENDE/
ACERVO DO INSTITUTO MOREIRA SALLES
p.175 Da esquerda para a direita, Jayme Ovalle, Otto Lara Resende e Vinicius de Moraes, 1953

DOSFOTOS/AXIOM PHOTOGRAPHIC
p.237 Punta del Este

DR/FOTÓGRAFO DA REVISTA *MANCHETE*
(autoria desconhecida)
p.29 Vinicius de Moraes, década de 50 | quarta capa Vinicius

DR/JOBIM MUSIC
p.92 Tom Jobim e Vinicius de Moraes, década de 60

DR/PEDRO DE MORAES
p.81 Vinicius de Moraes na sede da Unesco, em Paris, onde trabalhou em 1957 | p.168 Vinicius e Pablo Neruda | p. 203 Vinicius em Paris, década de 1960 | p. 257 Vinicius, final da década de 60

DR/VM
capa Vinicius de Moraes | p.2 Vinicius, década de 40 | p.4 Vinicius e sua filha, Luciana de Moraes | p.6 Caderno de receitas de Laetitia Cruz de Moraes Vasconcellos, irmã de Vinicius | p.7 Vinicius por volta dos dezenove anos | p.8 Vinicius na cozinha, década de 50 | p.10 Vinicius e Astor Piazzolla (em pé, atrás do poeta) reunidos na casa de amigos, Buenos Aires, 1971 | p.11 Vinicius, meados da década de 40 | p.12 Vinicius e uma de suas filhas | p.13 Caderno de receitas de Laetitia de Moraes | p.15 Vinicius, década de 50 | p.20 Lauro Escorel, Carlos Jacinto de Barros, Tati de Moraes, Vinicius e Rubem Braga no Cassino Atlântico, em Copacabana, Rio de Janeiro, década de 40 | p.24 Família Moraes | p.26 Laetitia de Moraes, ao lado da cozinheira da família | p.33 Vinicius no quintal da casa de sua avó paterna, em Botafogo, aos quinze anos | p.36 As crianças Moraes | p.40 Vinicius aos catorze anos de idade | p.43 Vinicius, meados dos anos 30 | p.51 Da esquerda para a direita,

Rubem Braga, mulher desconhecida, Vinicius, Tati de Moraes e, na frente, Pedro de Moraes | p.55 Vinicius, meados dos anos 50 | p.70 Vinicius e mulheres, década de 30 | p.74 Vinicius aos sete anos de idade | p.96 Vinicius e Toquinho, década de 70 | p.116 Vinicius, década de 50 | p.118 Familia Moraes | p.119 Vinicius, década de 40 | p.121 Caderno de receitas de Laetitia de Moraes | p.131 Vinicius na cozinha, década de 50 | p.152 Restaurante no Rio de Janeiro | p.154 Baden Powell e Vinicius de Moraes, 1965 | p.156 Vinicius, década de 60 | p.171 Vinicius, inicio da década de 70 | p.190 Vinicius em sua casa, em Los Angeles, década de 40 | p.210 Vinicius, inicio da década de 40 | p.225 Vinicius com a mãe de santo Menininha do Gantois, década de 70 | p.276 Tom Jobim, Toquinho e Vinicius, década de 70 | p.284 Vinicius, início da década de 70 | p.287 Vinicius, inicio da década de 70 | p.292 Vinicius, década de 30 | p.294-5 Caderno de receitas de Laetitia de Moraes

HULTON ARCHIVE/GETTY IMAGES
p.231 Roma

JOSÉ MEDEIROS/ACERVO DO INSTITUTO MOREIRA SALLES
p.157 Piscina do Copacabana Palace e praia de Copacabana

L.J. WILLINGER/HULTON ARCHIVE/
GETTY IMAGES
p.184 Los Angeles

MARC FERREZ/COLEÇÃO GILBERTO FERREZ/ACERVO DO INSTITUTO MOREIRA SALLES
p.178 Ouro Preto

MARCEL GAUTHEROT/ACERVO DO INSTITUTO MOREIRA SALLES
p.224 Salvador

TIPHAINE C./FLICKER/GETTY IMAGES
p.201 Paris

TODAS AS FOTOS DE GASTRONOMIA
LUNA GARCIA/ESTÚDIO GASTRONÔMICO

textos
ANA RÜSCHE

pesquisa
DANIELA NARCISO
EDITH GONÇALVES

fotos de gastronomia
LUNA GARCIA/ESTÚDIO GASTRONÔMICO
(CLARA ASARIAN,
DENISE GUERSCHMAN,
VANESSA DE FARIA)

produção
MAURICIO SCHUARTZ/KQI PRODUÇÕES

cessão de material
para produção de fotos
STUDIO NEVES p. 10, 30, 38, 103, 104,
107, 110, 138, 162, 249
EKOZINHAS CERÂMICA p. 41, 124
MURIQUI CERÂMICA p. 66, 84
M. DRAGONETTI p. 88, 198
ROBERTO SIMÕES CASA p. 228, 233
STUDIO NEVES e MURIQUI CERÂMICA p. 134

Copyright © 2013 by
V.M. Empreendimentos Artísticos
e Culturais Ltda. e Edith Gonçalves.

Grafia atualizada segundo
o Acordo Ortográfico da Língua
Portuguesa de 1990, que entrou
em vigor no Brasil em 2009.

capa e projeto gráfico
WARRAKLOUREIRO

fotos de capa
VINICIUS DE MORAES [CAPA: DR/VM,
QUARTA CAPA: FOTOGRAFIA
DA REVISTA *MANCHETE*
(AUTORIA DESCONHECIDA)],
GASTRONOMIA [LUNA GARCIA/
ESTÚDIO GASTRONÔMICO]

edição
CARLOS TRANJAN | PÁGINA VIVA

preparação
FÁTIMA COUTO
RICARDO MARQUES DA SILVA

revisão
MALU RANGEL
MARIANA NASCIMENTO
ROSI RIBEIRO

Dados Internacionais de Catalogação na Publicação (CIP)
(Câmara Brasileira do Livro, SP, Brasil)

Moraes, Vinicius de, 1913-1980.
Pois sou um bom cozinheiro: receitas, histórias e sabores
da vida de Vinicius de Moraes. — 1ª ed. — São Paulo: Companhia
das Letras, 2013.

ISBN 978-85-359-2241-7

1. Culinária 2. Culinária (Receitas) 3. Histórias de vida 4. Moraes,
Vinicius de, 1913-1980 I. Título.

13-07624   CDD-641.5

Índice para catálogo sistemático:
1. Receitas, histórias e sabores da vida de Vinicius de Moraes:
Culinária 641.5

2ª reimpressão

[2014]
Todos os direitos desta edição reservados à
EDITORA SCHWARCZ S.A.
Rua Bandeira Paulista, 702, cj. 32
04532-002 — São Paulo — SP
Telefone: (11) 3707-3500
Fax: (11) 3707-3501
www.companhiadasletras.com.br
www.blogdacompanhia.com.br

mas e 6 colheres de assucar. Leva-se ao fogo e, quando engrossar, tira-se e colloca-se em camadas no bôlo, que já deve estar frio. Cobre-se de glacé e põe-se por cima o côco ralado.

Bolo de Natal

18 gemmas e 9 claras, 1/2 kilo de manteiga, 1/2 kilo de assucar, 1/2 kilo de farinha de trigo, 1 colher bem cheia de fermento, 1 calice de vinho do Pôrto, 150 g de passas.

— Bate-se primeiro a manteiga com o assucar, juntam-se as gemmas, batendo sempre, põem-se as 9 claras e depois a farinha; continuando a bater, põe-se o vinho e ao collocar-se na fôrma untada com manteiga jogam-se as passas.

O.K. — Pudim de Leite —

5 ovos, 7 colheres de assucar, 1 copo de Leite e um pouco de baunilha.

— Mistura-se tudo e passa-se na peneira umas 3 ou 4 vezes. Cosinha-se em banho Maria e em fôrma untada com calda queimada, indo depois ao forno para córar.

Faz-se, com a mesma receita, pudim de queijo, de Laranja e de côco.

Para o de queijo: — um pires de queijo ralado.

Para o de côco: — um copo de Leite de côco.

Para o de Laranja: — um copo de caldo de Laranja.

———

— Pudim de pão —

Pão velho, Leite que dê para cobrir o pão, 4 colheres de assucar, 2 claras,

ESTA OBRA FOI COMPOSTA
EM AKZIDENZ GROTESK E WALBAUM
POR WARRAKLOUREIRO
E IMPRESSA PELA GEOGRÁFICA
SOBRE PAPEL PAPERFECT
DA SUZANO PAPEL E CELULOSE
PARA A EDITORA SCHWARCZ
EM MARÇO DE 2014

 A marca FSC® é a garantia de que a madeira utilizada na fabricação do papel deste livro provém de florestas que foram gerenciadas de maneira ambientalmente correta, socialmente justa e economicamente viável, além de outras fontes de origem controlada.